うまくいかない

人間関係

しんどい・つらいが

ひっくりかえる！

逆転の法則

臨床心理士・医学博士・心理学者

松村亜里

すばる舎

はじめに　「なんでこんなことばかり起きるんだろう……」と嘆くあなたへ

「人間関係がへたで、つらい」

「トラブルによく巻き込まれる」

「やっかいな人にばかり好かれてしまう」

「人の役に立ちたいのに、うまくいかない」

そう思いながら過ごしている方は多いでしょう。

それには理由があるのです。


こんにちは。ポジティブ心理学者の松村亜里です。

私は、幸せに生きることを科学的に研究する「ポジティブ心理学」を活かしながら、オンラインサロンや講座などを通じて、人生の舵を自由に取り、幸せな人生を自分で創造できる人を増やす活動を続けています。

夫婦、親子、嫁姑、親戚、友人、知人、ママ友、学校、地域、職場、取引先など、日々さまざまなおつき合いがありますよね。人はみな、毎日誰かとなにかしらかかわり、コミュニケーションを取っています。

この本を手に取ったあなたは、

「なんとかして、もっといい人間関係を築きたい。なんとかしなきゃ」

と悩んでいるのではないでしょうか。

がんばっているのに、うまくいかない。結果が出ない。むしろ、がんばるほど状況は悪くなる。こうなると、行き詰まりますよね。


私はかつて、大学でカウンセラーをしていましたが、赴任してはじめの半年間は思うような成果を上げられませんでした。

「なんとかして、学生の悩みを取り除いてあげたい」

という気持ちで臨み、親身になってがんばるほど学生の症状は悪化し、もともとあった自傷行為が悪化したこともあります。

カウンセリングの回数が増えるばかりで結果は出ない。見るべき学生はどんどん増えて時間は取られ、忙しくなる一方。

「いったい、私の何が悪いのだろう？」

「要求にはすべて応えて尽くしてきたのに……」

落ち込んで自分を責めました。そして、怒りの気持ちすら生まれてきたのです。

「こんなにがんばっているのに、なんでわかってくれないの！」

＊　＊　＊

そんなときに出合ったのが、「弱み」を治して解決する「ギャップアプローチ」と**は逆の、「強み」を伸ばして解決する「ポジティブアプローチ」という考え方です。**

これを取り入れたら、何度カウンセリングしても改善しなかった学生が、たった1、2回のカウンセリングでよくなったのです。**「ものの見方」をちょっと変えるだけで、成長を支援できることを実感しました。**

その後、「ポジティブ心理学」の学びの中で、「DDT」（どろどろした悪い人間関係、どろどろトライアングル↓42頁）と「TED」（成長し幸せになるいい人間関係、しあわせトラ

イアングル→122頁）という考え方を知り、人の成長を支援できるようになった理由をうまく説明できるようになりました。

じつは、**悪い人間関係の9割はどろどろトライアングルで、いい人間関係の9割はしあわせトライアングル**のパターンです。

本書では、この2つを理解しながら、**悪い人間関係をいい人間関係に変えていく方法を、**実例を示しながらわかりやすく紹介していきます。

＊＊＊

ところで、私は初めてコーチングを受けに来た人に、必ずこう質問します。

「予約した日から今日までに、どのような変化がありましたか？」

驚くべきことに、予約を入れたときから変化が起こり始め、セッション当日までに状態がかなりよくなっている人が多いのです。

これはなぜでしょう。じつは、**人生での変化は、自分で変わろうと決めて、小さな行動を取るところから始まります。**

コーチングに来た方は、コーチングの予約の電話をかけたりメールを書いたりしました。静かな水面に落ちる一滴のしずくのように、この小さな行動が人生のほかの面に影響を与えたのです。その時点で悩みの2〜3割はよくなっています。

同じことが、今あなたにも起きています。

この本を見つけたということは、変わりたいと思ったからで、手に取ったのは小さな行動を起こしたということ。そのときから、あなたはもう変わり始めているのです。その一歩は、どろどろの人間関係から抜け出す大チャンスです。

ポジティブ心理学の研究では、**幸せな人には全員「よいつながり」があることが発見されました。**私たちは幸せになるために生まれてきたのですから、人間関係を学んでよいつながりを持つことは、とても価値があることです。

人間関係に悩んでいる方。人間関係に悩んでいる人をどうにかしてあげたいと思っている方。もう大丈夫です！　あなたはもう好転し始めています。

＊　＊　＊

9頁のビフォーと233頁のアフターで示したケースのように、**本書の内容を実践した多くの人は、修復不可能だと思った関係性が、みるみるよくなっています。**

喜びの声はあとを絶ちません。


「人づき合いが怖くなくなり、友達がたくさんできた」

「離婚間近だったパートナーとの仲が激変。夢を応援してくれるようになった」

「自信のなかった子どもの自己肯定感が急にアップした」

「絶縁していた母と仲直りして、子どもの世話をしてくれるまでになった」

「学級崩壊していたクラスが元気に。その好転ぶりに研修を頼まれるようになった」

「うつ気味だった同僚が元気になった」

「やる気のなかった部下のモチベーションが急にアップした」


しあわせトライアングルのかかわり方は、自分や相手の力を最大限に引き出すので、

人間関係以外にも応用できます。

たとえば、将来のやりたいことが明確になるので、その達成に大きく近づきます。困難はチャレンジと捉えられるので、乗り越えられるようになります。

いい人間関係をつくりながら、自分や相手の「強み」を最大限に引き出して成長できる、なんとも欲張りなスキルなのです。

ぜひ本書を読んで、私と一緒に、明るく前向きでいい人間関係を築いてください。

松村　亜里

4ストーリー
～Before編～

4つのケースで見るどろどろ人間関係

ここに登場する4つのケースは、実話を元にしています。
悩ましい人間関係がどう好転していくか——。
ワクワクする［After編］（233頁）と共にご紹介します。

CASE 1

モラハラ夫と不登校の娘で家庭が壊れる

Aさん（50代、女性、夫と高校1年生の娘の3人暮らし）

夫 「今日のおかず、これだけ？」

Aさん 「ごめんなさい……。今日、仕事が終わらなくて、帰りが遅くなっちゃって。時間がなかったのよ」

夫 「家を守るのが妻の役目だろ？ 俺だって疲れて帰ってきたんだよ。なのに、こんな食事じゃ疲れも取れないよ。だいたい仕事が終わらないなんて、仕事ができないからだろう？ 俺の給料だけじゃ足りないっていうのか？」

はあ、また始まった。自分の好みではないおかずを出すと、すぐにこうなる。
そこから、あれこれ関係ないことまで言い出す。
謝ってもムダ。反論したら火に油を注ぐだけだ。

今日のおかず
これだけ？
子どものしつけが
なってないのは
お前のせいだ
要領が悪い
部屋が汚い
お前は
何もできない
俺のこと
考えてない

私だって仕事しているのに。会社が終わっても休まる暇がない。

洗濯物を取り込んで、夕食の支度をして。毎日がいっぱいいっぱい。

「私だってがんばっているんだから。少しくらい手伝ってくれてもいいじゃない」

と言ったこともある。そこから大ゲンカに発展。最近はそのケンカがめんどくさくて、黙って嵐が過ぎ去るのを待つことのほうが多い。


高校生になった娘は、最近学校を休みがち。

部屋から出ずに引きこもるようになってしまった。それすら、

「おまえのしつけが悪いからだ」

と夫は私を責める。


私はこんなにがんばっているのに、悪いことはすべて私のせい。いつからこんなになっちゃったんだろう。全部私が悪いの？

この状況、どうしたらいいのだろう……。

CASE 2

子どもについつい怒りすぎてしまう

Bさん（30代、女性、夫と小5の娘の3人暮らし）

「ほら、もう7時になるわよ！　起きなさい！　遅刻するでしょ！」

毎朝この調子だ。娘は本当に起きない。私が起こさなかったら、どうなるんだろう。

娘がしぶしぶ学校に出かけたあと、娘の部屋を掃除していたら机の上に置きっぱなしのノートが。

「あ！　また、こんなところに！　宿題のノートなのに、あの子ったら！」

娘は忘れ物が多い。口をすっぱくして、

「前の日にきちんと時間割を確認しなさいよ！」

と言っているのに。私がいないと何もできないんだから。

「このノートがないと、学校で困るわよね。早く届けに行かなくちゃ」

掃除を中断して娘の学校に向かう支度を始めた。

娘は私が言わないと宿題すらやろうとしない。こっちはいつもハラハラ。

「もう小5なのに、このままだったらどうしよう」

と心配は尽きない。

しかも娘は集中力もなく、勉強の途中でもちょっと目を離すとすぐテレビを見ようとしたり、お菓子を食べようとしたり。


「勉強についていけなくなったら困るから」

「テストの点数が悪かったら大変だから」

と、私はついつい口を出してしまう。


「宿題は終わったの？」

「ほら、早くやりなさい！」

「ほかの子はもっと早くやっているわよ！」

「このままだと中学に上がってから大変よ」

なのに、親の心子知らずで、娘は、

「うるさいな。わかってるよ」

「今やろうと思っていたの！」

と口答えばかり。


「私だって、言いたくて口うるさくしてるわけじゃないのに」

「はあ、こんなこと、いったいいつまで続けなければいけないの？」

子育てって本当に大変だわ、とひとり嘆いてしまう。


「いい学校に行ったほうが将来娘のためになる」

「娘が自分でできないのなら、私がもっとしっかりやらせなきゃ」

「今日は一緒に明日の支度をしないとね」

と心に決めながらも、

「はあ……」

と大きなため息が止まらない。

CASE 3

がんばっているのに学級崩壊が起こりそう

Cさん（40代、女性、小学校教員）

小さい頃からの夢は、小学校の先生になることだった。

「子どもに学びの楽しさを教えてあげたい」

「つらいことがあるすべての子どもを救いたい」

そんな理想を抱いて、晴れて小学校の教員になった。

はじめての受け持ちは6年B組。

「よし！　最高のクラスをつくるぞ！」

自然と気合が入った。子どもの話には耳を傾け、親とのコミュニケーションもまめに取るようにしてきた。子どもに寄り添い、できることはなんでもやった。

でも、クラスの雰囲気は最悪。子どもたちはまったく言うことを聞かない。

不登校になる子や、遅刻ばかりの子、家庭環境が心配な子。

親からは連日クレームの電話。問題だらけだ。

「どうしたらいいの……」

毎日、目の前の課題をこなすのに必死。多いときには16時間働きっぱなしで、土日も休めない。なのに、いっこうに問題は解決しない。

「みんなを笑顔で卒業させてあげたいのに……」

ストレスはたまる一方。心はすり減り、体はボロボロ。体力も限界に。

ついに体調を崩して、薬と病院通いが欠かせなくなってしまった。

「がんばりすぎて体を壊して、なのに結果も出なくて。私にはこの仕事向いてないのかも。もう辞めるしかないかな……」

友達は疲れ果てた私の姿を見て、声をかけてくれる。

「もう学校辞めたら？　自分を大事にしたほうがいいよ。もっと楽しく生きたら？」

「でも、今辞めたらどうやって生活すればいい？」

「何をやる？　どこに向かえばいい？」

次々と悩みが湧き、学校を辞める決断もできず、毎日をやり過ごしているだけ。

そんな私の唯一の楽しみは、おいしいもの。

仕事が終わるとコンビニで好きなスイーツを買って帰る。

ささやかな自分へのご褒美だ。深夜の甘いものはやめられない。

体重はどんどん増えているけれど、仕方がない。

でも、服がどんどんきつくなっていく様子に自己嫌悪も覚えている。

「こんなにがんばっているのに、なんで思うような成果が出ないんだろう……」

CASE 4

部下がやる気になってくれない

Dさん（40代、男性、会社部長）

会社で大きな取引に成功した！

その功績が認められ、晴れて10人の部下を持つ部長に昇進だ！

「よし。これからはチームをまとめて、みんなでガンガン実績を上げるぞ」

こぶしを握り締め、気合を入れて臨むことを決意した。

ところが、部下たちにはどうもやる気が見られない。なかでも、入社3年目のH君はほんとにやる気があるのかと思うくらい、のんびりして見える。

「俺の入社3年目は先輩の背中を見て、少しでも仕事を学ぼうと歯を食いしばってがんばったものだけどな」

イライラして、焦る気持ちが渦巻いてくる。

「それ、やったことないからわかりません」

「ゆとり世代なんで、ほめてくれないとやる気になりません」

「自分は、みんなでがんばるとか苦手なんで」

Ｈ君は事あるごとに口答え。


どれも、俺が若い頃には上司に言ったことのないセリフばかりだ。

「今どきの若い連中はみんなこうなのか？　いや、俺がなめられているのかもしれない。よし、俺が変えてみせる！　みんなのモチベーションを上げてやるぞ！」

逆に闘志がわいてきた。


それからは、部下を励まし、やる気にさせる言葉を積極的にかけることにした。

とくにＨ君には目をかけて、細かく指導した。

「がんばれ！　ここを乗り越えたら成長できるから！」

「できないのは、君の努力が足りないからだ。もっと数をこなさないと！」

「失敗は成功のもと。どんどん当たって、失敗するのも経験のうちだぞ！」

「若いんだからまだいけるって！」

アメとムチを使い分けながら、叱咤激励し続けた。にもかかわらず、H君は依然覇気がない。何を言っても、「はあ……」と気のない返事。時には、ムッとした顔で、

「自分なりにやってるんですけど」

と言い返してくることもある。むしろ、前よりやる気が失せているようにも見える。

「俺がこんなにがんばっているのに、いったいなぜなんだ？」

そんなある日、H君がやってきた。

「ちょっとお話があるのですが……」

「お、ついにやる気になってきたか？」

と喜んだのもつかの間……。

「これまでやってきて、思ったのですが、ちょっと自分のやりたいことと違うっていうか。このままやっていても先が見えないし、自分のイメージと違う気がするので、会社を辞めたいと思います」

あんなに目をかけてきたのに……。頭をガツンと殴られたような気がした。

「君のためにいろいろ指導してきたけど、何がいけなかったのかな？」

「僕が相談事をしたとき、『ここをがんばれていないのが、ちょっと残念だな』と言われて、部長には話を聞いてもらえないし、わかってもらえないんだと思いまして」

「え、それだけで？」


ならば、と言葉を尽くして引き留めにかかった。

「どう思うかは、気の持ちようだよな。今はつらいと感じるかもしれないけれど、ここを乗り越えたらもっと成長できるし、ひとつ上に上がれるぞ。今が踏ん張り時だと思うんだ。もうちょっと一緒にがんばらないか？」

懸命に説得したけれど、H君はうつむいたまま。

結局、会社に来なくなってしまった。


「あれだけ言ったのに、なぜわからないんだろう。俺が若手のときは『いちいち聞かないで、見て覚えろ！』と厳しく言われたものだ。ていねいには教えてもらえなかっ

成長のために
がんばれ
若いんだから
失敗も経験だぞ

退職届

たけどな。それに比べたら俺はかなり優しいし、ていねいだと思うんだけど。H君は根性が足りなかったということかな」

とはいうものの、ほかの部下たちも、いまひとつやる気が見えない。

本当なら、

「おまえら、やる気あるのか？」

と一喝したいところだ。昔は、そう先輩にどなられていたし。

でも、また辞めるメンバーが出たら困るから、強くは言えない。

自分が若い頃のやり方は通用しないということか……。

「もっと、やる気も結果も出してほしい。どうしたらいいんだろう？」

最近は頭を抱えるばかりだ。

「昇進しても大変なもんだな。こんなことなら、偉くなんかならなくていいから、ひとりで気ままに成績を上げることだけ考えていたほうがラクだったかもしれない」

と、投げ出したくなってしまう。

はじめに「なんでこんなことばかり起きるんだろう……」と嘆くあなたへ 2

4ストーリー～Before編～4つのケースで見るどろどろ人間関係

〈CASE 1〉モラハラ夫と不登校の娘で家庭が壊れる 10
〈CASE 2〉子どもについつい怒りすぎてしまう 13
〈CASE 3〉がんばっているのに学級崩壊が起こりそう 16
〈CASE 4〉部下がやる気になってくれない 19

第1章 今の人間関係、だれが犠牲者、迫害者、救済者？

幸せな人には必ず「よいつながり」がある 34
悪い人間関係はどろどろトライアングルのせい 42

どろどろトライアングルは至るところにある 45
人のせいにするのはどろどろトライアングル 49
どろどろトライアングルから抜け出そう！ 51
《犠牲者》は犠牲者のままでいたがる 53
《迫害者》は人を非難して攻撃したがる 59
《救済者》は自分の価値を感じていたい 64

第2章 繰り返すどろどろトライアングルを終わらせよう

《犠牲者》《迫害者》《救済者》には共通点がある 76
《犠牲者》は不安・恐れを行動のエネルギーにする 79
《犠牲者》は問題から逃げるか、凍るか、戦うか 83

《犠牲者》は不安を自分で現実化させてしまう 87
どろどろトライアングルは役割を変えて無限に繰り返す 92
どろどろから幸せへの変換法はさまざまな場面で使える 100
どろどろ書き出しワーク 103

第3章 どろどろトライアングルに陥る人たち

プライドの高い人は《犠牲者》になりやすい 106
批判的な人は《迫害者》になりやすい 109
真面目でやさしい人は《救済者》になりやすい 111
過去を清算しなくても未来は変えられる！ 117

第4章 しあわせトライアングルで人間関係がみるみるよくなる

「悪い関係」がとても「いい関係」に変わる 122
人間関係がよくなっていくプロセスとは？ 127
《クリエイター》は人生をつくれる人 135
《チャレンジャー》は人を成長させてくれる人 141
《コーチ》は人を応援できる人 144

第5章 《犠牲者》から《クリエイター》へ変わろう！

「ものの見方」だけで役割がガラリと変わる 150

《クリエイター》のマインドを持とう 152
ちょっとしたことで、どろどろから抜け出せる 155
欲しいものを明確にして先取りしよう 160
「ないもの」より「あるもの」に注目すると… 167
「弱み」より「強み」にフォーカス! 174
物事のプラス面をあえて考えよう 179
環境も《クリエイター》に変えてくれる 185
「犠牲者マインド」に逆戻りしても大丈夫 187

第6章
《救済者》から《コーチ》へ変わろう!

《救済者》は《コーチ》に生まれ変われる 190

まずは自分を満たすことから始めよう 192
相手を《クリエイター》として見てみよう 196
相手にすでに「あるもの」を聞いてみよう 200
相手の「マイナス部分」に寄り添ってあげる 209
相手の「強み」を聞き出して教えてあげる 213
相手の未来に耳を傾け一緒に夢を描こう 220
《救済者》は自分の人生を犠牲にしなくていい 227
《コーチ》のためのクリエイタースイッチを押すワーク 231

4 ストーリー ～After 編～ 4つのケースで見る改善された人間関係

〈CASE 1〉家族の助けを得て念願の資格試験にチャレンジ！ 234
〈CASE 2〉子どもの忘れ物が減り、朝も自分で起きている！ 238
〈CASE 3〉学校の手本となる活気ある楽しいクラスになった！ 241

〈CASE 4〉 全社一の活気あるチームづくりに成功した！……245
おわりに……250

装丁……加藤愛子（オフィスキントン）
挿画……芦野公平
編集……大石聡子
執筆協力……柴田恵理
編集協力……竹内葉子

第1章

今の人間関係、だれが犠牲者、迫害者、救済者？

幸せな人には必ず「よいつながり」がある

人はしょっちゅう、いろんな場面で誰かとかかわっています。

- 朝食を取りながら今日の予定を家族と話す
- オフィスで上司と来週のプレゼンについての打ち合わせをする
- 取引先で新商品についての説明をする
- ママ友とランチしながら子どもの悩み相談をする
- 友達と電話で姑の愚痴を言い合う
- 家で子どもが脱ぎ捨てた服を見てバトルになる

人間関係がうまくいき、コミュニケーションが上手にできているときは、毎日が楽しいし、心も軽いですね。けれど、ひとたび人間関係が悪くなると、めんどうな問題が起き、気持ちが暗くなり、毎日が楽しくなくなってしまいます。心理学者のアドラー博士は、**「すべての悩みは対人関係の悩みである」**と言っています。

ところで、従来の心理学が、病んだ人たちを集めて「何が問題なのか」を研究していたのに対し、ポジティブ心理学では、幸せな人たちを集めて「何がうまくいくか」を研究しています。幸せになりたければ幸せな人から学ぼうというわけです。

さて、2002年に心理学の世界で初めて、「幸せな人」の調査研究が行われました（イリノイ大学＋ペンシルベニア大学）。

そこで驚きの結果が出たのです。「幸せな人」と「不幸な人」の大きな違いは、「よい人間関係」があるかどうかでした。そして、**幸せな人は100％、よいつながりがあったのです。**

図1にあるように、幸せな人は、家族、パートナー、友人など、人間関係の質が総じて高いのです。また、この研究ではその人の知り合いに、「客観的に見て人間関係がいいと思うか？」を聞いています。知り合いから見てそう思える人も、幸せな傾向

がありました（イリノイ大学の大学生220人を調査）。

また、ハーバード大学で、85年間にわたり2000人を追跡した研究でも、幸せのいちばんのカギは「つながり」だと発表されています。

次に、図2にあるように、長寿にいちばん影響しているのも、人からのサポートや多様なつながりです。喫煙、飲酒、心臓疾患よりも影響が大きいのです。

またうつと孤独は症状が似ていますが、**孤独に必要なのは抗うつ薬のような薬ではなく、よい人間関係をつくるスキルです。**

この本を読んでいる人の中には、

「職場でいい人間関係を築きたい」

と願っている人は多いでしょう。一昔前なら、

「職場に人間関係だなんて、甘いことを言っているのではない！」

という声が聞こえてきたかもしれません。でも、**職場でのつながりは、働く幸せに**

図1　幸せな人は人間関係がいい

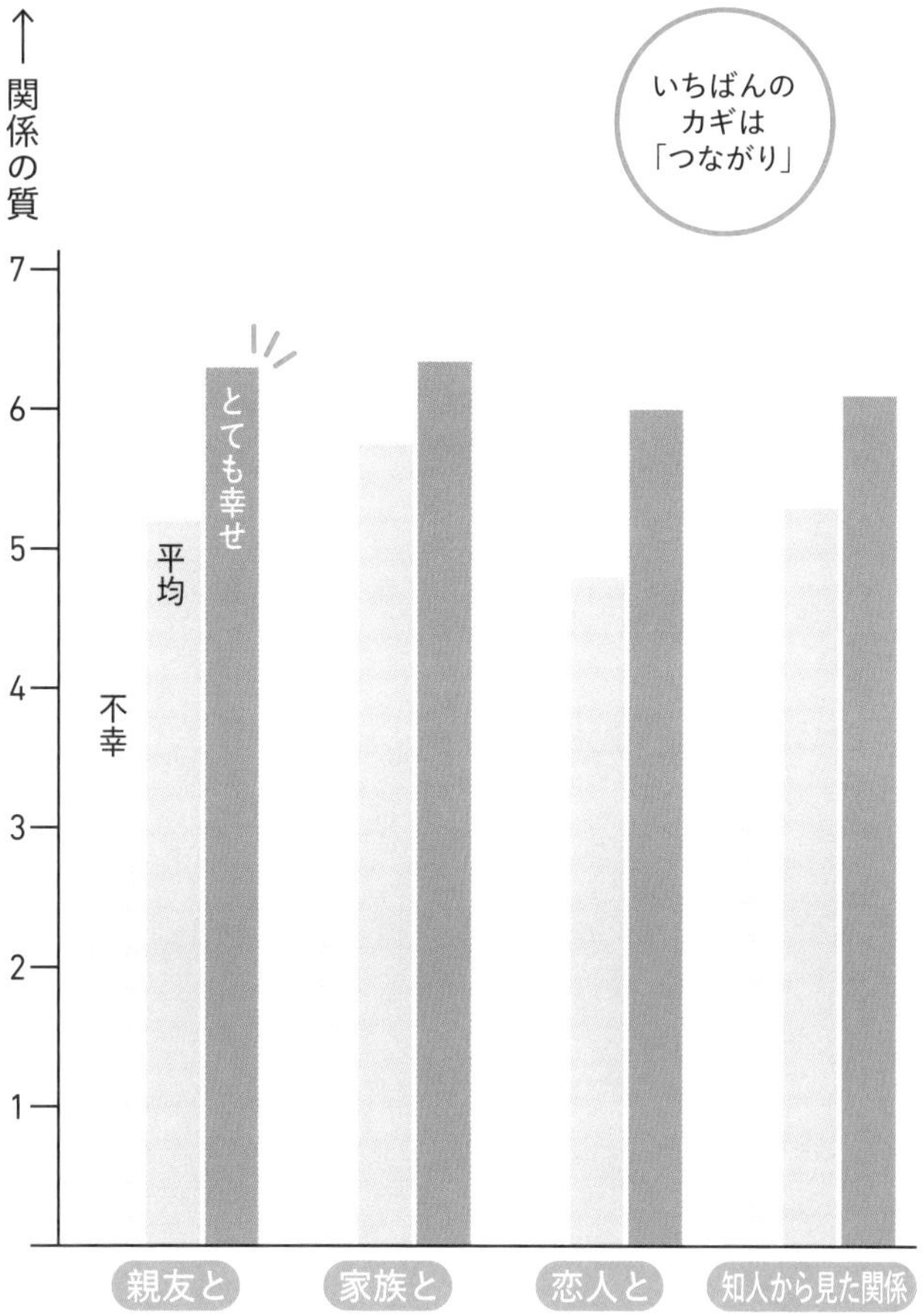

（Very happy people. Diener.E.＆ Seligman.E.P. 2002 より作成）

大きく影響します。

図3を見てください。仕事を楽しんでいる人は全体では32%です。

しかし職場での人間関係を2つに分けて見てみると、「人間関係が悪いグループ」では10%しか職場で幸せを感じていませんが、「人間関係がいいグループ」では約5倍の49%の人が幸せを感じているのです。

このように、**職場での人間関係をよくすることが、働く喜びにつながり、ひいては生産性や会社の発展に貢献します。**職場での悪い人間関係としては、パワハラ、セクハラ、モラハラなどの問題があり、その悪い影響は容易に想像できます。

また、子育てをしているママたちのストレスは大きいものです。私も子どもが1歳と2歳の頃、ワンオペ育児をしていたのですが、ふり返ってみると人生でいちばん大変な時期でした。

心理学研究の中でも、子育て中の主婦のストレスが最も高いことがわかっています。

図2　いい人間関係の人は長生きする

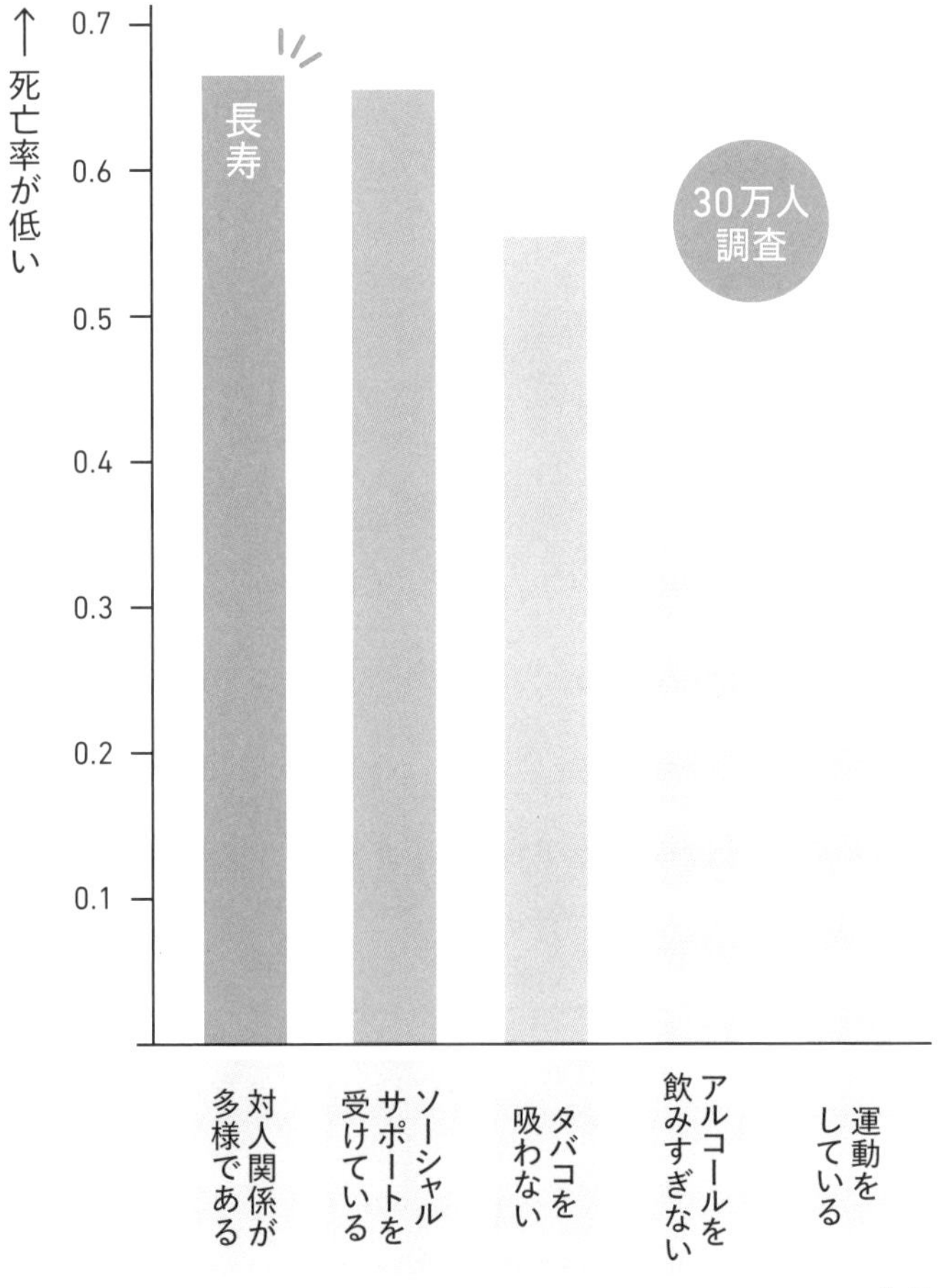

（Relations and Mentality Risk.A Meta-Analytic Review.Holt-Lunstad,etc.2010 より作成）

私の大学院時代の先生の研究では、「**子育て中のママがより幸せになるには、子育てのスキルより人とのつながりが大切だ**」という結果が出ました。

そのくらい、人間関係がうまくいっているかどうかが、その人の人生の幸福度を左右します。つまり、**いい人間関係は、幸せの必須要素**なのです。

人とのいいつながりがあるからと言って、必ずしも幸せになれるとは限りませんが、**人とのいいつながりがなければ幸せにはなれないのです。**

私たちはみな、幸せになるために生まれてきました。人間関係は、大切だからこそうまくいかないととてもつらい。そう考えると、幸せになるためのカギとなる人間関係には、時間とエネルギーを使ってしっかり向き合う必要があります。

「私は、人とのつながりなんていりません」

と言う人がいます。じつは、私のオンラインサロンに入ろうか迷っている人からも、

図3　**職場の人間関係がいいと仕事での幸福度が5倍！**

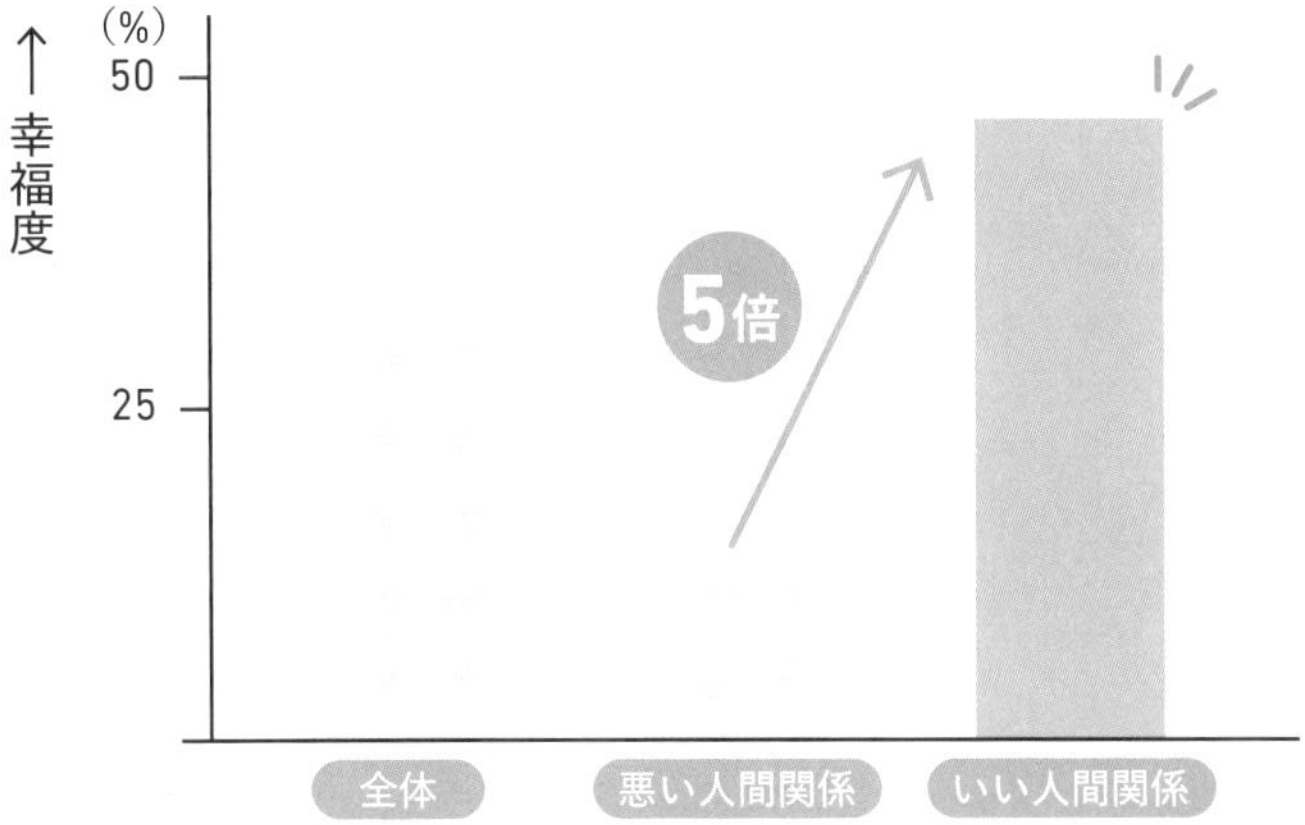

（The Economy of Welbeing.Tom Ruth Jim Harter 2010 より作成）

時々聞く言葉です。おそらく、過去に人間関係で深く傷ついた経験があるのでしょう。

ですが、ここで覚えておいてほしいことがあります。それは、**「人間関係はスキルだ」ということ。ですから、学んで練習することで誰でも必ず上達します。**

ピアノやゴルフのように、練習することで必ずうまくなっていくのです。ぜひ私と一緒にレッスンをしていきましょう。

悪い人間関係はどろどろトライアングルのせい

周囲を見回してみると、いつもご機嫌な人たちに囲まれて、楽しく暮らしている人がいる一方で、いつもなにかしらのトラブルややっかいごとに巻き込まれている人もいます。

親子関係がぎくしゃくしている、夫からのモラハラ、嫁姑問題に悩んでいる、上司からのパワハラ、ママ友との不仲、友達からの理不尽な要求など……挙げればきりがありませんね。

それらはどれも、まったく異なるシチュエーションのように思えますが、じつはトラブルややっかいな人間関係は、すべて根本が同じです。

つまり、どろどろした人間関係はみな同じパターンで成り立っているのです。

どの場合も《犠牲者》《迫害者》《救済者》の三者が登場人物で、話は進んでいきます。一人ひとりが悪いというよりは、関係性が悪いのです。

図4　どろどろトライアングルの世界

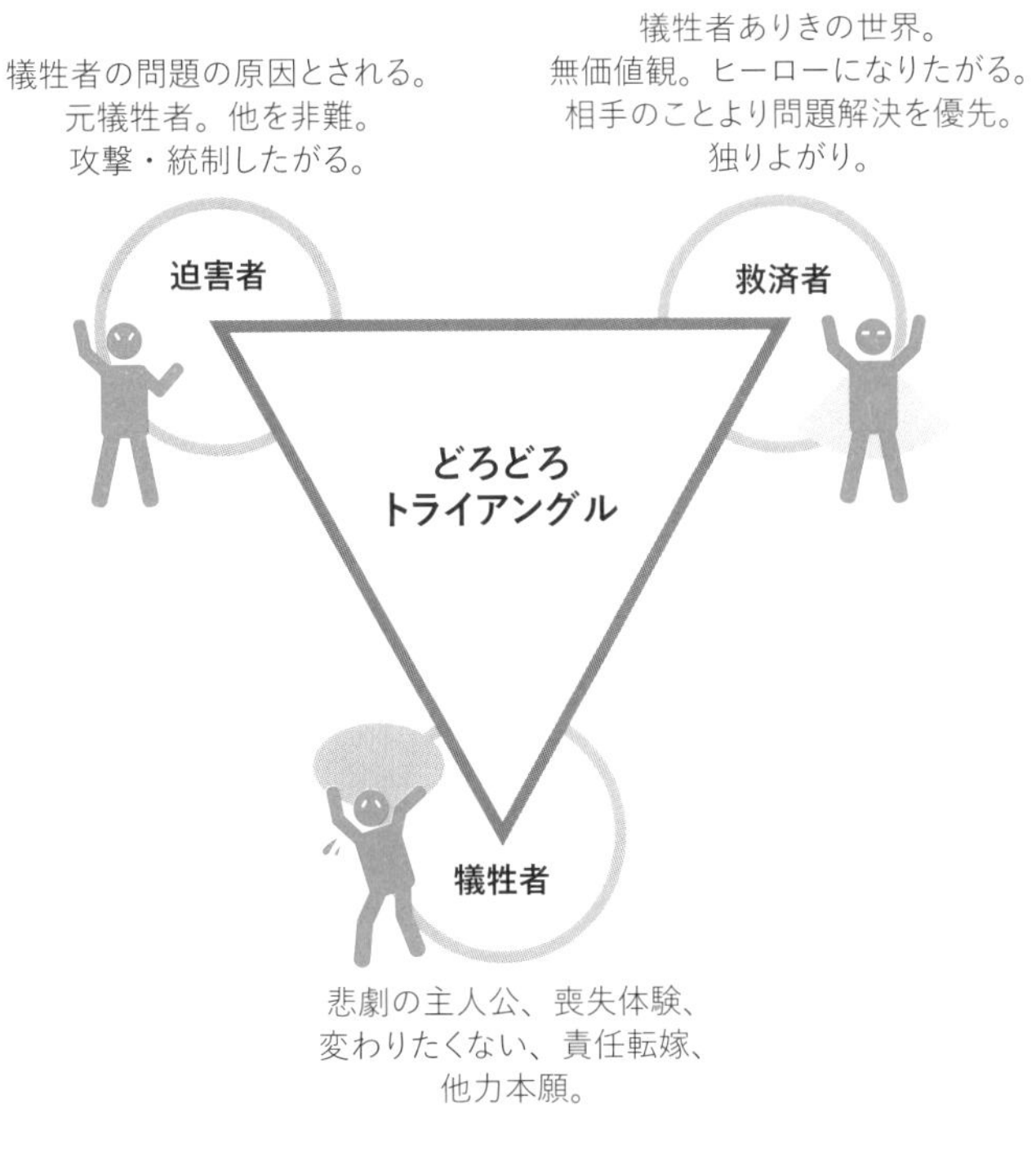

（The Power of TED. David Emerald 2005 を参考に作成）

この**悪い人間関係は「DDT」**（The Dreaded Drama Triangle 恐怖のドラマトライアングル）と呼ばれ、**《犠牲者》《迫害者》《救済者》で構成される世界です。**

1968年に精神科医のカープマン氏が、

「自分のところに受診に来る人はだいたい人間関係に困っていて、全員がこのトライアングルにあてはまっている」

と気づき、このDDTを提唱しました。日本ではまだなじみがないかもしれません。

なぜ私がこのDDTを**「どろどろトライアングル」**と呼ぶかというと、この関係性について説明をしたときに、私の生徒さんが、

「まるで『どろどろトライアングル』ですね」

と言ったのが始まりです。そのほうが日本語としてはわかりやすいと思って以来、私はこの名称を使っています。

どろどろトライアングルにはまってしまうと、なかなか抜け出せません。

そしてそれが、トラブルや悪いこと、不幸が延々と続く原因でもあるのです。

どろどろトライアングルは至るところにある

おとぎ話やドラマ、アニメ、映画などには、どろどろトライアングルの関係で成り立っているものが多くあります。その理由は、見ていて面白いから。なんと言ってもドラマですからね。ドラマティックな展開が見られるのです。

たとえば、ドラえもん。のび太はジャイアンやスネ夫にいじめられていて、いつも、

「ドラえもん～！」

と泣きながら家に帰り、ドラえもんに泣きつきます。ドラえもんは、

「もう、しょうがないなあ、のび太くんは……」

と言いながら、お腹のポケットから道具を取り出して、問題を解決してくれます。

「ドラえもんがいるんだから、いいじゃない」

「ドラえもんがいつも助けてくれるから、問題ないのでは？」

と思うかもしれません。この関係の何が問題なのかというと、ドラえもんが問題を解決してくれても、しばらくたつとのび太はまた同じようにいじめられ、ドラえもんに泣きつくということです。

つまり、**何度も同じパターンが繰り返されている**のです。**一見、ドラえもんが解決してくれたように見えますが、根本の問題は何も解決していません。**

これを、図4（43頁）のどろどろトライアングルに当てはめてみましょう。のび太は《犠牲者》、ジャイアンやスネ夫は《迫害者》、そしてドラえもんは《救済者》です。この関係性では、のび太はいつまでたっても犠牲者で、ジャイアンやスネ夫にいじめられ続け、そのたびにドラえもんが登場し、のび太の代わりに道具を出して助けてくれておしまい。状況は変わりません。

アニメの中ならいいですが、現実の世界でのび太みたいにドラえもんがいないと何もできない人だったら。生きづらいし、進歩がないし、なによりドラえもんがいなくなったら大変ですよね。まさにどろどろトライアングルの泥沼にはまった状態です。

また、ヒーローもの、戦隊ものも、守る相手が《犠牲者》、悪役が《迫害者》、ヒーローが《救済者》の図式です。

プリンセスものもそうですね。シンデレラの話では、シンデレラが《犠牲者》、いじわるな継母とお姉さんが《迫害者》、シンデレラを救ってくれる王子様が《救済者》になります。

貧乏で継母やお姉さんにいじめられていたシンデレラを、あるとき王子様が救ってくれて、シンデレラはキレイなお姫様になりました。めでたしめでたし……というハッピーエンドですが、もし王子様が現れなかったら、シンデレラはいつまでもいじめられ、貧乏な暮らしをしていたでしょう。他力本願ですよね。

シンデレラの話に続きはありませんが、昔からあるお姫様ストーリーは、一見ハッピーエンディングでも、じつは不幸がリピートしているかもしれないのです。

カープマン博士は、こうも言っています。

「どろどろトライアングルは役割を変えてループし続ける」

その可能性も高いですね。《救済者》だった王子様が、時がたつうちにだんだんと支配的になり、いつしか《迫害者》へと変わっていき、お姫様は新たな《救済者》を求めてさまよう……というパターンです。

ただ、最近のお姫様ストーリーは、「アナと雪の女王」など、主人公が自分のなりたい姿に目覚め、強く立ち向かっていく様子を描いたものも増えています。こちらはしあわせトライアングルのパターンになります。あとで詳しく説明しますね。

人のせいにするのはどろどろトライアングル

もうひとつ、例を挙げてお話しします。

最近、「毒親」「親ガチャ」という言葉をよく耳にします。

毒親は子どもに過剰に干渉して口を出したり、自分の思い通りに支配しようとしたりする親を指す言葉です。

親ガチャは、「子どもは親を選べない」というところから、人生においてハズレくじを引いてしまったということです。

この場合、子どもが、

「親のせいで自分の人生台なしだ」

と思っていたとしたら、子どもが《犠牲者》、親が《迫害者》になります。子どもはその境遇をすべて親のせいにしています。

もし、親が自分を理解してくれていたなら、

「先生が悪い」

「世の中が悪い」

「環境が悪い」

というように、自分に都合の悪そうな別の誰か、何かを《迫害者》に仕立てて、

「自分はやっぱりハズレの人生だった」

と嘆くのでしょう。

実際は、外から見たら親に恵まれていなくても、誰でも夢をかなえて幸せになれるのです。

どろどろトライアングルから抜け出そう！

このどろどろトライアングルから抜け出す方法を考える前に、どろどろトライアングルから抜け出す、というのはどういうことでしょう。

それは、**人のせいにしないで、自分の人生を切り拓き、夢を実現させていく**ことです。その夢に向かうことを、周囲のみんなが応援してくれます。そして、**自分の道を自分で決めて創造していく《クリエイター》として羽ばたくことができるのです。**

ドラえもんの世界で、どろどろトライアングルからしあわせトライアングルに変わったなら、のび太はジャイアンやスネ夫からのいじめに毅然として立ち向かい、仲良くなるか縁を切るなど、自分で望む対応をします。

そして、自分のやりたいことを築き上げていくのです。もういじめられないし、ものを取られることもありません。好きなときにしずかちゃんとも会えます。そうすると、ドラえもんに泣きつくこともなくなりますね。

ドラえもんは、

「のび太くんなら、きっとできるよ」

とのび太を信じ、励まし、応援してくれる存在になります。

ドラえもんは、のび太を助けてあげる役から、**何かあったときにのび太の気持ちを明確にする質問をしたり、「強み」を教えてあげたり、どうなりたいかの望みをはっきりさせたり、背中を押して勇気づけたりする《コーチ》役になる**のです。

ドラえもんのマンガでも、大人になってドラえもんがいなくなってしまったあと、のび太は
「これではいけない」

と、一念発起して研究者になって名を上げ、さらにはしずかちゃんと結婚しました。

その未来はまさに《クリエイター》になったのび太の姿です。（123頁 図8）

《犠牲者》は犠牲者のままでいたがる

《犠牲者》は悲劇の主人公でいたい

どろどろトライアングルから抜け出すには、まず気づく必要があります。

そこには《犠牲者》《迫害者》《救済者》が必ず登場し、相互に絡み合いながら、悪い関係を繰り広げているからです。

それぞれの役割について詳しく見ていきましょう。

まず、《犠牲者》はどろどろトライアングルドラマの主人公です。ひどい人にやられたり、ひどい状況が降りかかったりして、無力感を覚えています。

《犠牲者》という言葉を聞くと、「かわいそうな人」という印象を持つでしょう。本人も、自分のことを「かわいそうな自分」と思っていることが非常に多いです。いつもトラブルに巻き込まれる自分、イヤな目にあう自分、大変なことがふりかかってくる自分。そんな悲劇のど真ん中で生きているという感覚です。

そして、自分をそんな目にあわせているのは誰なのか、何なのかを探します。常に「かわいそうな自分」「ひどいあなた」という世界に生きているのです。

《犠牲者》の核には喪失体験がある

《犠牲者》の役割の人の心の底には、「喪失体験」があります。とくに夢の喪失が大きく、「自分の夢なんか、どうせかなわない」と思っているのです。

かつて中卒だった私は、将来の夢を持てませんでした。夢はかなわないものと思っているから、願いを抱いても意味がなかったのです。まさに「夢の精神的な死」です。

自分の夢や願望以外に、自由や健康の喪失体験もあるでしょう。

「どうせ、自分の思いどおりになどならない」

「病気になってしまったので、何もできない」

と思い込んでいるところがあります。

危険な目にあった経験から、この世は安全だという考え方をなくし、

「この世界は危険がいっぱいだから安心できない」

と考えていることもあります。これも喪失体験です。

そのほか、誰かに裏切られた経験から、

「この人は信頼できる人だ」

という考え方を喪失し、

「人を信用してはいけない」

と思っていたり。このように、

「こう思っていた世界がじつはそうではなかった」

という信頼や安心感の喪失体験から、

「世の中が信じられない」

と考えていることも多いです。次に同じことが起こることを恐れているのです。

《犠牲者》の本心は、あまり変わりたくない

人はつらいことが起きると、《犠牲者》になることがあります。たいていの人は期間限定ですが、いつも《犠牲者》の人がいます。

問題がひとつ解決したと思ったら、またすぐ別の問題を抱えるのです。

常に誰かや何かの文句を言っている人です。パートナーの文句を言っていて、それが解決したと思ったら、今度は職場の上司の文句を言う。部署が変わって上司が変わったら、次は同僚の文句を言う。まわりから見たら、常にひどい人たちに囲まれてかわいそうに思うかもしれませんね。

でも、実際には無意識でも意識的でも、その人はそういうところにいることを選んでいるのです。**常に被害者のポジションを探しているる**というわけです。

では、《犠牲者》で居続けることのメリットはいったい何でしょう。《犠牲者》**は、じつはとてもラクな立場なのです。**悪いのはすべて別の誰か。起きている悪いことや

イヤなことはすべて誰かのせいであって、自分の責任ではないのです。

だから、自分で何か新しいことや難しいことにチャレンジする必要も、がんばる必要もない。**チャレンジしないから、失敗もなく、心が傷つくことを避けられる**というわけです。

幸せになるために自ら事を起こして切り拓いていくのは、大変なことです。それにはエネルギーがいるし、責任がともなうからです。

それに、自分の理想を思い描き、それに向かって動き出すのは、けっこう怖いことでもあります。チャレンジしたら「失敗」するかもしれないからです。

それよりも、**「あの人が悪い」「世の中が悪い」「環境のせいだ」「親のせいだ」と誰かのせいにしながら生きているほうがずっとラク**です。

今と変わらず同じように生きていれば、変化はないけれど、失敗することはないし、想定外のことはまず起きないからです。

「親ガチャ」もすべて親のせいにしていますよね。**自分では何も行動せず、他力本願で自分を救ってくれるヒーローを待ちわびている**のです。

ほかにも、かわいそうと思われ、人に優しくしてもらえるメリットもあります。

変わりたくないのは、《犠牲者》の返事からも感じられます。

「そうよね、でもね……」

と最終的には逆接になり、できないことの言い訳をし始めます。

「こんなイヤなことがあったの」

と友達に愚痴ったとします。友達は少しでも悩みが解決すればと思って、

「だったらさ、こうしたらいいんじゃない？」

とアドバイスすることもあるでしょう。そのようなとき、犠牲者マインドの人は、

「うーん、でもね……」

という返答をします。

このようなやりとりが延々と続きます。というのも、《犠牲者》は今の地位が気楽だから、**本当のところは変えたくない。いつまでも《犠牲者》のままでいたいのです。**

《犠牲者》を抜け出す行動は起こしたくないから、《犠牲者》にはアドバイスはあまり利きません。

《迫害者》は人を非難して攻撃したがる

《犠牲者》には《迫害者》が必要

《迫害者》は《犠牲者》を傷つける、悲しませる、苦しませるなど、《犠牲者》の苦しみの原因とされる人や状況、環境のことを言います。冒頭の例Case 1のモラハラ夫は、妻のAさんから見ると《迫害者》で、Aさんは《犠牲者》ですね。

Aさんは夫の小言に振り回され、夫のせいでイヤな思いをしていると感じています。《犠牲者》が《犠牲者》であるためには、《迫害者》は欠かせない役割です。というのも、《迫害者》なくして《犠牲者》は生まれないからです。

《迫害者》は《犠牲者》の「弱み」や欠点を指摘し責めることで、《犠牲者》の「かわいそうな自分」であるという思いを、より一層強くさせるのです。

《迫害者》は非難、攻撃、統制しようとする

《迫害者》の役割の人は、じつは《元犠牲者》であることが多く、《迫害者》自身も自分を《犠牲者》だと思っていることが多いです。

たとえば、テロリストは、

「社会が悪いから、自分はこうならざるを得なかった。自分は《犠牲者》だ」

と思っているかもしれません。ニュースでは、少年犯罪や悲しい犯罪が連日のように報道されていますが、これらの加害者とされる人たちも、

「自分に注目してくれない社会や相手が悪いのだ。自分は犠牲者だ」

と言う人が多くいます。

見かけは恐れがないかのように見えるかもしれませんが、《迫害者》の役割の人は、もともとイヤな思いをさせられてきた経験があるから、ふたたび《犠牲者》になることを極端に恐れているのです。

そこで、次の3つの行動パターンを取ります。

❶相手を非難する

「あなたは、こういうところがダメなんだ」

と相手の悪いところや欠点、間違いなどをあげつらって責め立てます。《迫害者》は相手を非難することで、相手を陥れ、自分の優位を保とうとします。「小さい犬ほどよく吠える」と言いますが、ほかの人にやられないために、

「自分は強いんだぞ」

「自分のほうが上なんだぞ」

ということを見せつけようとするのです。

❷先制攻撃する

相手にやられる前に攻撃を仕掛けるというもの。マウントを取る、パワハラなどのハラスメントもこのパターンですね。また、勝ち負けにとてもこだわり、「何があっても絶対勝つ！」というメンタリティを持っています。

❸統制的な態度をとる

自分がコントロールできないことを恐れ、常に相手や状況を自分の支配下に置こうとします。その結果、高圧的な行動になります。

《迫害者》は人でなく状態や環境のこともある

《犠牲者》はいつも人ですが、《迫害者》は人だけでなく、状態や環境の場合もあります。

❶人　ひどい親、上司、友達、マウントを取る人、犯罪者、テロリストなど

親や上司、友達などの身近な人を、自分を邪魔して貶める《迫害者》と感じることは多いです。

ですが、自分と直接かかわりのない第三者が《迫害者》になる場合もあります。

❷状態　病気、ケガ、不妊症など

ガン、心臓発作、伝染病や骨折などが《迫害者》になる場合もあります。

「お腹を壊したから、テストで実力を発揮することができなかった」

「不妊症のせいで、幸せな人生を送ることができない」

などです。

❸状況、環境　自然災害、火事、地震、大切な人の死、社会システム、渋滞など
「電車が遅れたせいで、学校を遅刻してしまった」

「あのとき、信号が赤だったから電車に乗り遅れた」

「あの人を亡くしたせいで、私は夢を絶たれてしまった」

「コロナのせいで、売り上げが落ちた」

などです。

《救済者》は自分の価値を感じていたい

《救済者》はヒーローとして登場する

《犠牲者》と《迫害者》の間に、颯爽と登場するのが《救済者》です。《救済者》は「ヒーロー」とも呼ばれます。

ヒーローと言うと、「悪を倒し、弱い者を救う正義の味方」というプラスのイメージですよね。ウルトラマン、スパイダーマン、王子様など、ドラマや映画にはよく登場します。マントをひるがえして登場したときには、「キャー」と拍手喝采が起こりそうです。

《救済者》の役割は、《犠牲者》をつらい場所や危険なところから解放してあげたり、悪から救ったりします。また、《犠牲者》のネガティブ感情を和らげたり、麻痺させたりしてくれる役割も果たします。
《犠牲者》にとっても、まわりの人から見ても、《救済者》は「いい人」に見えます。

《救済者》は本当にいい人なのか

では、《救済者》の行いは、本当に相手のためになっているのでしょうか。じつは必ずしもそうではありません。むしろ、《犠牲者》をどんどんダメにしていることも多いのです。

《犠牲者》が《救済者》のせいで、かえってダメになる理由はふたつあります。

❶のび太のように、《救済者》が《犠牲者》の問題を代わりに解決してあげるため《犠牲者》自身に問題を解決する能力が身につかない

その結果、ずっと《救済者》を必要としてしまうのです。《救済者》が居続けることで、《犠牲者》はいつまでたっても《犠牲者》のまま。そこから抜け出せないのは代わりに何でもやってしまう《救済者》のせいでもあるのです。

ある家族療法のカウンセラーは、借金を繰り返す息子がいる親に、

「行方をくらましなさい」

とアドバイスしたそうです。その親が突然消息不明になったら、その息子は借金をしなくなったと言います。心理学用語では、その問題行動を可能に（悪化）させてしまう人という意味で、「イネブラー」と呼びます。

❷《救済者》が《犠牲者》の「かわいそうな私」という気持ちを強めてしまう

《救済者》は、無意識のうちに《犠牲者》を「弱い人」と認定して、「自分は弱い人を助けなきゃ」という気持ちで《犠牲者》に接しています。

《救済者》が「犠牲者はかわいそうな人なんだ」と決めつけることで、《犠牲者》自身も「自分はかわいそうな人なんだ」「どうせできない人間なんだ」と思い込み、かえって無力感が高まってしまうのです。

人は与えられた役割を生きてしまう傾向があるのですが、《救済者》は知らず知らずのうちに、《犠牲者》のやる気を削いでしまっているというわけです。

冒頭で紹介したCase2の「子どもが何もしない」と悩むBさんの例がこれです。

Bさんは娘さんのことを、

「私がいないと、何もできない」

「私がやってあげないと大変なことになる」

と思い込んでいます。だから、

「宿題やったの？」

と口うるさく言ったり、娘さんが家に忘れていったノートを学校に届けてあげたり
と、こまごま世話をやいたりするのです。

「私が『宿題やったの？』と注意して聞かないと、娘は宿題をやらない」

「私がノートを届けてあげないと、娘は学校で困る」

と見なしているのです。

このケースでは、Bさんは《救済者》、娘さんは《犠牲者》です。

そして、Bさんがこのような行動を取るほど、娘さんは無意識のうちに、

「私は、お母さんがいないと何もできない人間なんだ」
という思い込みが刷り込まれていくのです。

《救済者》には《犠牲者》がいなくてはならない

困っている人がいたら助けずにはいられない**《救済者》の中核にあるのは、「深い無価値観」です。**だから、

「自分には価値がないのでは？　それでみんなが離れていってしまうのではないか」

と常に恐れているのです。目的を見失ったり、人に見捨てられたりすることへの恐れが、いつも心の奥底にあります。

それらを一気に払拭してくれるのが、人の役に立つことです。無意識にですが、

「人の役に立たなければ自分に存在価値がない。存在を認められない」

と思い込んでいるのです。先の例で言えば、Bさんは娘さんを世話することで、娘さんにとってなくてはならない存在になろうとしています。

「娘さんを世話している自分」をつくり上げることで、「自分はいていい存在なのだ」と感じているわけです。ですから、無意識のうちに、

「犠牲者には、よくなってほしくない」

と思っているかもしれません。なぜなら、《犠牲者》だった人がよくなってしまったら、自分が必要とされなくなってしまう、つまり自分の存在意義がなくなってしまうからです。

私は仕事でも家庭でもコミュニティでも、いつも頼られて忙しくなり、それが苦しくなって燃え尽きるということを繰り返していました。頼りないまわりを責めていたけど、実はそれをすべて自分がつくり出していたことに気がついたときは衝撃的で、しばらく認められませんでした。繰り返すパターンは、ひとつのヒントですね。

《救済者》が自分の価値を感じるためには、《犠牲者》が必要不可欠です。だから、いつまでも現状のままでいてほしい、そして、いつまでも自分を頼ってほしいと思っています。

そうして、自分の存在価値を維持しようとしています。
ひどいときには、お互いがいないと生きていけない「共依存」の関係になります。

《救済者》はこんな行動をしがち

《救済者》の背景には、「自分には価値がない」という無価値観があるので、その穴を埋めるために、他人の世話をやく傾向があります。誰かの世話をすることで自分が認められたいのです。

もちろん、時には本当に救済が必要な行動もあります。目の前に、溺れている人や今にも自分自身を傷つけそうな人がいたら、助けようとしますよね。真に必要な救済とは異なる、どろどろトライアングルで言う《救済者》の行動には、次のような特徴があります。

❶援助を求められていないのに先回りして助ける

《救済者》は、相手に依頼される前に勝手に助けてしまうことがあります。

「相手が自分でできるかどうか、助けてほしいのかどうか」

よりも、自分が助けたい気持ちのほうが強いのです。

つまり、親切の先回りをするのです。

❷その人ができることなのに代わりにやってあげてしまう

相手ができないことを支援するのは大切ですが、《救済者》は、相手ができないことだけでなく、できることまでやってあげようとする傾向があります。

たとえば、

「子どもの靴の紐を結ぶ」

「宿題を代わりにやってあげる」

「部下の問題を解決してあげる」

などです。本人が少しがんばればできるけれど、《救済者》がやったほうが早くキレイにできたりするものです。

また、救済した側は、まわりから「すばらしい親」「すばらしい子を持つ有能な親」「すばらしい上司」「優秀な部下を持つできる上司」として認められます。それは《救済者》には誘惑的です。

❸相手の幸せや成長より目の前の問題解決を目的としている

どろどろトライアングルの《救済者》が支援するときは、「目の前の問題を解決すること」こそが目的になります。**問題を解決してあげることによって、自分の価値をより高く感じられる**からです。

たとえば、泳ぎ方を教えてあげるより、誰かが溺れているところを救ったほうが、より早く、そしてよりたくさんありがたがられますよね。

また、発展途上国に学校をつくるより、食べ物やお金をあげたほうが、より「救った感」があります。自分に力があるように感じられますね。

相手の幸せや成長を考えたら、本当は、助ける（ヘルプ）より、支援（サポート）してあげるほうが役に立ちます。

しかし、より感謝されるのはどちらかと言えば、「ヘルプ」してあげるほうですよね。

《救済者》は、自分の重要性がより満たされる行動を選ぶのです。

このように、《救済者》は無意識のうちに自分のために行動していることがあるのです。

「ありがとう！」

「本当に助かった！」

「あなたがいないと……」

と頼られ、賞賛されることに快感を覚えることもあります。また、メサイヤコンプレックス（救世主症候群）といって、人を救済することで、自分の幸せや自己肯定感を高めようとしている人も多いです。

けれど、《救済者》が必死で行動しているにもかかわらず、《犠牲者》はよくなるどころか逆に無力感を強めたり、むしろ悪くなったりするという悲しい現実がつくられていくのです。

そう考えると、ヒーローは決して「いい人」とは言い切れません。《犠牲者》が成長しているわけでもないし、幸せになっているわけでもなく、逆に不幸になっているので、《救済者》の行動はひとりよがりと言えるでしょう。

《救済者》が人ではない場合もある

《迫害者》と同様に、《救済者》は「人」ではない場合があります。

たとえば、アルコール、ギャンブル、ゲーム、薬、買い物、仕事、ネットサーフィン、セックス、恋愛など、人を依存させるものはすべて《救済者》と同じ役割を果たします。

それをしている最中は、つらい心を麻痺させることができ、現実やイヤなことを忘れさせてくれます。

ひどくなると、アル中、ギャンブル依存、ゲーム依存、買い物依存、ワーカホリックなどに発展します。仕事をがんばるあまり、家に戻らないという人の中には、家族の誰かを《迫害者》と思っていて、そのわずらわしさを忘れるために、仕事に逃げている人もいるのです。

ホスト狂いなどもこれに当たります。そのような場合、自分がどんな気持ちから逃げようとしているのかを考えてみるといいでしょう。

第2章

繰り返すどろどろトライアングルを終わらせよう

《犠牲者》《迫害者》《救済者》には共通点がある

《犠牲者》＝やられる人、《迫害者》＝やる人、《救済者》＝助ける人のように、三者は一見立場が異なるように見えるかもしれません。しかし、実際にはいくつかの共通点があります。

❶「恐れ」から行動している

行動の動機がみんな「恐れ」で、何かから自分を守ろうとしています。

《犠牲者》今後ふたたび悪いことが起こるのを恐れ、傷つくことから自分を守ろうとしています。

《迫害者》また自分が《犠牲者》になったらどうしようという不安と恐れを抱いていて、自分が《犠牲者》になる前に相手を攻撃し、弱い立場に陥ることから自分を守ろうとしています。

《救済者》目的を見失ったり見捨てられたりすることを恐れ、《迫害者》から《犠牲者》を守ることで、無価値観から自分を守ろうとしています。

わき起こる情熱から前に向かって行動しているというよりは、みんな守りに入っていて、恐れが原動力となって行動しているのです。

❷自分の幸せに責任を持っていない

誰も自分の幸せに責任を持っていません。自分を幸せにできないので、誰かに幸せにしてもらう必要があります。《犠牲者》は、《救済者》がいなければ、《迫害者》は《犠牲者》がいなければ、《救済者》は《犠牲者》がいなければ、幸せになれないという図式です。

《犠牲者》《救済者》に依存することで幸せにしてもらおうと思っています。

《迫害者》ふたたび《犠牲者》にならないために、《犠牲者》を攻撃することで安心感を得ようとしています。

《救済者》《犠牲者》を救済して自分の存在価値や充実感を得ようとしています。

❸自己肯定感が低い

自己肯定感というのは、いいところも悪いところも含めて「私はＯＫ」という感覚です。どろどろトライアングルでは全員、自分にＯＫが出せていません。自分は十分でないという欠乏感が強いのです。

《犠牲者》自分では何もできないから、人に助けてもらわないと、と思っています。また、できない自分を責めることもあります。

《迫害者》弱い自分を受け入れられず、そのことがバレることを恐れています。それを隠すために攻撃するのです。攻撃したあとに後悔することもあります。

《救済者》人の役に立たなければ自分には価値がないと思っているので、なんとか役に立とうとがんばっています。

《犠牲者》は不安・恐れを行動のエネルギーにする

どろどろトライアングルの世界に住んでいる《犠牲者》《迫害者》《救済者》たちに共通するマインドセットを、「犠牲者マインドセット」と呼びます。

一般的に、人は何にフォーカスするかによって、心の状態が変わります。そして、心の状態がその人を一定の行動に駆り立てるのです。また、その行動を取ることによって、その人の住む世界は創られていきます。「犠牲者マインドセット」には、あるパターンがあるのです。

81頁の図5を見てください。

そもそも、どろどろトライアングルの世界では、**誰もが、常に「問題」にフォーカスしています。**人や状況、環境に問題があると思っているから、それらを解決しなければと考えるのです。

ここからはわかりやすくするために、《犠牲者》を例にしますが、実際はすべてのメンバーにあてはまるマインドセットの特徴です。

まず《犠牲者》は問題によって生じる「不安」が行動の原動力になっています。失敗したくない、嫌われたくないなど、自分の意志でやりたいから行動するのではなく、不安を打ち消そうとして行動するのです。

「私、そうかも……」と思う人はとても多いと思います。なぜなら、普通の人は不安を打ち消すために行動を起こすからです。

脳には、もともと「犠牲者マインドセット」が組み込まれています。

太古の昔、地上に現れた人類は、お天気になると日照りを恐れ、木が揺れると「ハイエナなどの敵がやってきたのかもしれない」と心配し、対策を取りました。

このように、問題を見過ごさないことで、生存確率が高まったのです。

図5　犠牲者マインドセットの世界

《迫害者》《救済者》
にもあてはまる
フォーカス
[問題]
いつも問題ばかりに
注目している
心の状態
[不安]
問題にフォーカスするので
不安になる
行動
[不安解消]
不安を打ち消す
行動に出る
（逃げる、凍る、戦う）

でも時代は変わりました。

日照りを避ける屋根はあります。ハイエナから身を守る建物があり、武器も持っています。何かが起きてもサバイバルできる知恵と道具があります。

心配しすぎることはないのです。

今の時代に合った考え方をしていきたいですね。

《犠牲者》は問題から逃げるか、凍るか、戦うか

《犠牲者》は不安や恐れをベースに生きているから、何か問題が起きたときに、「逃げる」「凍る」「戦う」の３つの行動を取ることが多いです。意図的というよりは、反射的な反応です。英語では、Flight, Freeze, Fight と、すべてFで始まるので「３F」とも言います。

森でクマに遭遇したら、驚いて逃げるか、固まってしまうか、負けじと戦うかです。いずれも不安が根底にあるので、今を生き延びるためのサバイバル行動と言えます。

❶逃げる！

何か事が起きたとき、真正面から取り組まず、その場から逃げたり放置したりします。あるいは、《救済者》を待ったり探したりすることもあります。

たとえば、夫にＤＶを受けた《犠牲者》が占い師のところに駆け込み、

「私、どうしたらいいでしょう？」

と相談するのもそうです。《救済者》である占い師は温かく《犠牲者》を迎え入れ、

「大変でしたね。今は星回りが悪いときなので仕方がありません」

などと言って解決しようとしてくれます。時には、

「このお清めの塩をまくといいですよ」

「壺を置いておくといいですよ」

と言うかもしれません。

いずれにしても、占い師のもとに逃げただけで、根本解決にはなっていません。

もともとは、夫婦の問題ですから、一時的に鎮静化しても、しばらくするとまたDVが起こり、《犠牲者》はふたたび《救済者》を探して逃げる……というように同じことが繰り返されます。

ほかにも、その問題自体を見ないようにしたり、恐怖や痛みを麻痺させたりする方法で逃げる場合もあります。

薬やアルコール、仕事、ゲーム、食べ物など、短期的に現実を忘れさせてくれるも

のに走るのです。これらは《救済者》の役割を果たしてくれます。

❷凍る!

いわゆる「フリーズ」。頭の中が真っ白になって何もできない状態に陥ることです。《迫害者》に怒られたら、黙って怒られっぱなし。あるいは、怒られている最中に別のことを考えて現実逃避することもあるでしょう。無気力になって引きこもったり、無関心になったりもします。

ポジティブ心理学者のマーティンセリグマン博士が提唱した「学習性無気力」という現象もこれに入ります。

犬を逃げられないように檻に入れておきます。その状態で繰り返し電気ショックを与えると、その後、檻の扉を開けておいても逃げ出さないのです。

このように、つらい状況の中で何もできない状況が続くと、《犠牲者》はそれを学習します。そのうち、何をしても無駄だと思い込み、やがてうつにつながっていくとも言われます。

❸戦う！

時に、《犠牲者》が《迫害者》に反撃を挑むことがあります。浮気された妻が突然、「なんでそんなことするのよ！」

と怒って、近くのものを手当たりしだいに投げまくるなどがそれです。

だいたい、つらいと思ったときに、その思いを伝えることができていれば、大きな問題にはならなかったはず。けれど、この場合は我慢して耐えて耐え抜いて、でも耐え切れずに最後にどかーん！　と大爆発するケースが多いです。

一般的に見ると、浮気した夫が《迫害者》、された妻が《犠牲者》だったのが、夫から見るといきなり妻が《迫害者》に変わります。

このように、《犠牲者》と《迫害者》は、役割を行き来することがあるのです。どちらも人のせいにしていますが、それを内側に閉じ込めるか、外側に放出するかの違いです。

《犠牲者》は不安を自分で現実化させてしまう

どろどろトライアングルの登場人物は、みな共通して自己肯定感が低く、自信がありません。そのため、常に不安や恐れを抱いているという話をしました。
その不安は、悲しいことに現実化してしまうことがあるのです。

たとえば、恋愛に自信がないMさんという女性がいます。

でも、彼氏がほしいと思っています。

そう思う一方で、

「でも、私はいつもフラれる」

「どうせ、いつか見捨てられてしまうはず」

という不安も抱いています。これまで二股をかけられたり、フラれたりすることが多かったことがその理由です。見事両想いになって彼とつき合い始めることになっても、その不安は消えずに常につきまとっています。

そのため、彼に電話をしたときにすぐ電話に出てくれないと、

「どうして出てくれないの？　本当は出られるのに、わざと出ないのかもしれない。私への愛情が薄れたのかな」

などと心配になります。

彼に急な仕事が入ってデートがキャンセルになったら、

「私よりも気になる人ができたのかもしれない」

「私に会いたくないだけかも」

と考えて、ますます不安が増してしまいます。

すべてが自分を見捨てるサインのように思えてしまうのです。

その気持ちを払拭しようと彼を問い詰めてしまうことも。

「どうして電話に出てくれなかったの？」

「私のこと、好き？」

「私と仕事、どっちが大事？」

これらの行動が彼には重く感じられ、フラれることになってしまいます。結果的に、Mさんの不安が的中した格好になってしまったのです。

彼は当初、Mさんが好きだからおつき合いしました。電話に出られなかったのは、たまたま会議中だったから。あとで電話しようと思っていたのです。休日出勤もやむを得なかったからです。

しかしMさんに問い詰められるうちに、「好きで電話に出なかったわけではないのに詮索されて、ちょっと面倒だな」と思い始め、Mさんへの気持ちが変わっていったのです。

そして、最終的に別れるという選択をしたというわけです。

これを心理学用語で「**自己成就的予言**」と言います。

図6を見てください。不安にともなう行動を取ったことで、結果的にそれが起こる確率を高めてしまうのです。

不安を減らすための行動が、自分が避けようと思っている結果をつくり出してしまったというわけです。

このように、悲しいかな、**《犠牲者》は自分の不安を自ら現実化させてしまう**ことがあります。

この場合、最初、彼はMさんのさびしさを埋めてくれる《救済者》でした。ところが、Mさんにしてみれば、自分を見捨てた《迫害者》に変わったというわけです。

一方、彼から見ると、最終的にMさんは自分を問い詰める《迫害者》になっていたのです。

図6　犠牲者は不安を現実化させてしまう

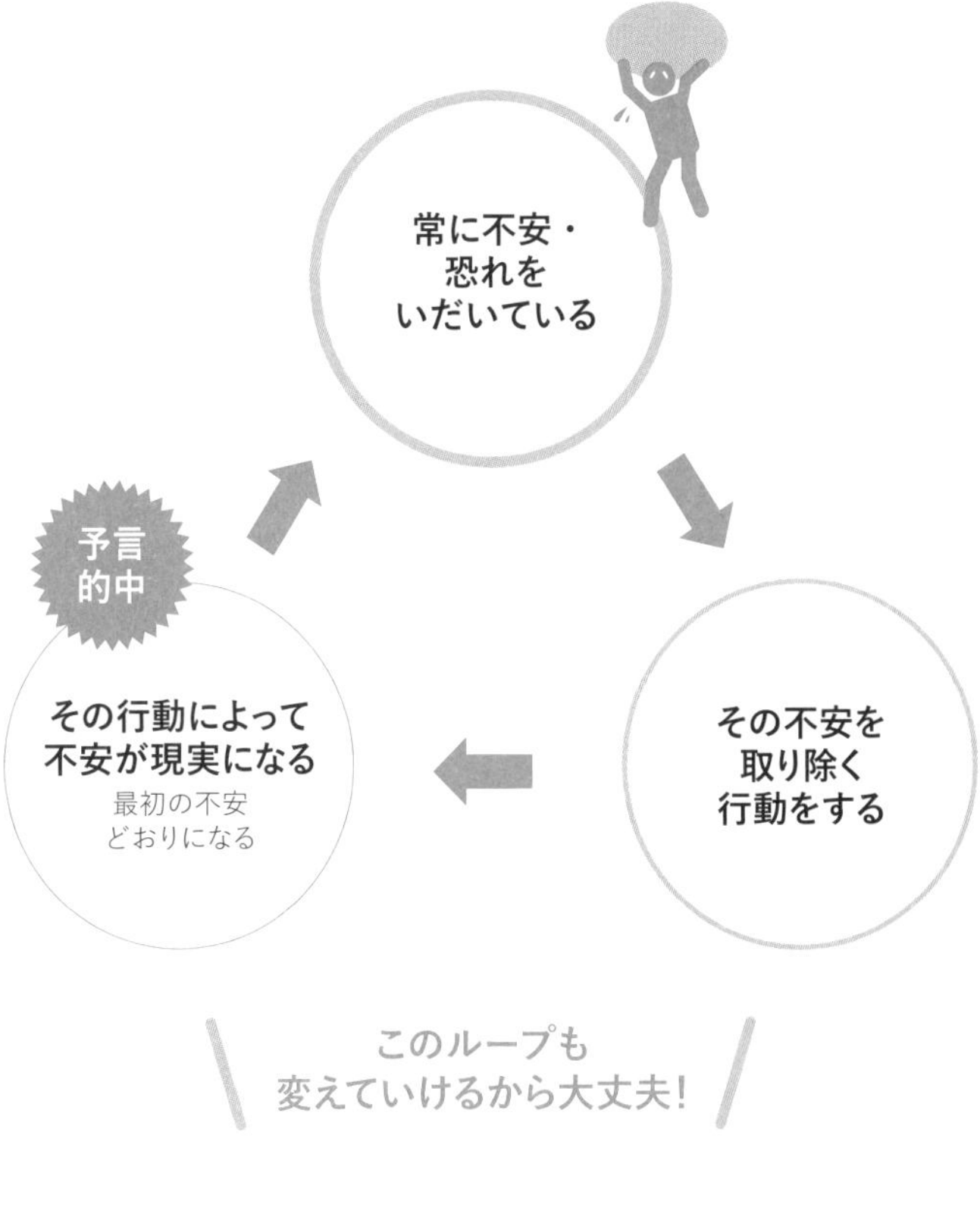
常に不安・
恐れを
いだいている
その不安を
取り除く
行動をする
その行動によって
不安が現実になる
最初の不安
どおりになる
予言
的中
このループも
変えていけるから大丈夫！

どろどろトライアングルは役割を変えて無限に繰り返す

《犠牲者》《迫害者》《救済者》の役割は、固定されているわけではありません。3つの役はくるくると入れ替わります。同じ人物が、あるときは《犠牲者》になり、別のときは《迫害者》や《救済者》になることもあるのです。

しかも、それは数秒で突然入れ替わることもあります。時には、誰かが新しく登場したり抜けたり……と登場人物がくるくると替わりながら、延々と続いていきます。無限ループで、いつまでも抜け出せません。

問題が解決したかなと思っていても、じつはまだ終わってなく、いつのまにか別の問題を生み出していた、というケースも非常に多いです。

三者には共通点が多くあることからもわかるように、役割は違っても同じ世界で似たようなスタンスで生きているというわけです。

入れ替わり方は、

《犠牲者》→《迫害者》→《救済者》
《迫害者》→《救済者》→《犠牲者》
《救済者》→《犠牲者》→《迫害者》

の6通りありますが、ここでは代表的なケースを2つ見ていきます。

《犠牲者》が《迫害者》に変わるとき

いつもやられている《犠牲者》は、やられっぱなしというわけではありません。

《犠牲者》が耐えかねて、相手にやり返す攻撃的な行動に出ることがあります。

その瞬間、《犠牲者》が《迫害者》に変わります。

たとえば、子どもが、

「親がうるさくていやだな」

と思い続けていたけれど、あるときその思いが爆発して、

「うるさい！」

と親に向かって叫び、ものを投げつけたとします。親は、

「こんなに子どものことを考えているのに。口答えして、ものまで投げられた！」

と感じました。

この場合、《犠牲者》だった子どもは、親にとっては《迫害者》になり、《迫害者》だった親は、子どもからものを投げつけられた《犠牲者》へと、立場が入れ替わるのです。

《犠牲者》が取る行動のひとつに「戦う」がありますが、戦うことによって相手が「イヤだな」などマイナスの感情を抱いたとき、《犠牲者》は相手にとっての《迫害者》になります。

もうひとつ、立場によって《犠牲者》にも《迫害者》にも見える例です。

たとえば、あるとき夫の浮気がバレました。妻は、

「私と結婚しているのに、なんてひどい人！」

と怒ります。妻から見ると、夫は自分に苦痛を与えた《迫害者》、自分は「サレ妻」

（浮気された妻）ですから《犠牲者》です。


では、夫の立場に立って見てみましょう。夫が、

「もし、妻がもっと自分に優しかったら……自分は浮気なんてしなかった」

と考えていたら、夫が《犠牲者》で、妻は《迫害者》になります。

また、妻が夫の浮気に、

「どういうことよ！」

とキレて怒り、夫に本を投げつけたり叩いたりしたら、夫から見ると、
- 妻＝《犠牲者》→《迫害者》
- 夫＝《迫害者》→《犠牲者》

と立場が入れ替わります。

このように登場人物ふたりがお互いに、自分は《犠牲者》、相手が《迫害者》だと思っていることも多いのです。

ある家族（父、母、子ども2人の4人家族）がいました。お父さんは部屋を散らかしまくって遊んでいる子どもを見て、

「なんでこんなに散らかすんだ！　ここはみんなの部屋なんだぞ。少しは人に気をつかえ。別の遊びをする前に、まず片づけろ！」

と怒り出しました。その様子を見たお母さんが、お父さんに、

「もう、そんなに怒らないでよ」

と言いました。すると、お父さんは子どもに言ったのです。

「おまえらのせいでお父さんがお母さんに怒られたじゃないか。おまえたちが悪い子だからお父さんは怒ったのに、もとはと言えば、おまえたちのせいなんだからな」

この場合、子どもから見ると、自分は《犠牲者》、自分を叱るお父さんは《迫害者》、お母さんは《救済者》です。一方、お父さんは、

「子どもたちが悪いせいで、自分はお母さんから怒られた」

と思っているので、自分は《犠牲者》、お母さんに怒られる原因になった子どもは《迫害者》です。

《救済者》が《犠牲者》に変わるとき

どろどろトライアングルでは《救済者》が《犠牲者》に変わる場合がよくあります。

こんな例があります。

大学で元気のない学生がいたので、保健室の先生は、

「なんとか元気を取り戻してあげたい！」

と親身になって話を聞いてあげることにしました。電話で呼び出し、一生懸命アドバイスをしています。

ところが、その学生は一向に元気になりません。それどころかむしろ悪化して、元気がなくなっているように見えます。

先生はそんな学生の様子を見てイライラしはじめ、こう思うようにすらなりました。

「こんなにがんばって、時間をかけて、心を砕いてアドバイスをしているのに、ちっとも言うことを聞かないし、全然よくならない……」

この場合、最初は元気のない学生が《犠牲者》で、先生が《救済者》です。

ところが、先生がイライラしてきたあたりから、

- 先生＝《救済者》→《犠牲者》
- 学生＝《犠牲者》→《迫害者》

に変わり始めます。先生は、

「私はこんなにがんばっているのに、この学生は何も聞き入れてくれないし、私の言うことをやらない。悪い子だ」

という意識になっていくのです。

そして、この先生がカウンセラーに助けを求めて相談したとします。

「私が何をやっても全然よくならないので、なんとかしてください。その学生に電話をするか、メールを送ってください」

このとき、カウンセラーが先生の頼み通りに学生に直接連絡を取り、《犠牲者》である先生の代わりに自分が学生を元気づけようとした場合、カウンセラーは先生にとっての《救済者》になります。

私はこのような状況を実際に経験しましたが、これでは学生はよくならないどころか、かえって悪化してしまいます。学生にとっては《救済者》が先生からカウンセラーに変わっただけで、学生は依然弱ったままだからです。

以上のように、人によって《犠牲者》か《迫害者》か《救済者》かについては、見え方も違うし、3つの役もころころと入れ替わっていきます。

どろどろから幸せへの変換法はさまざまな場面で使える

どろどろトライアングルからしあわせトライアングルへの変換法のいいところは、さまざまな状況で応用が効くということです。

- 親子関係（子どもが言うことを聞かない、親がうるさい）
- 夫婦関係（夫または妻がモラハラ、DV、家事や育児を手伝ってくれない）
- 嫁姑関係（姑が意地悪してくる、無視する、差別する）
- ママ友関係（マウントを取ってくる、悪口ばかり言う、束縛する）
- パワハラ（職務上の地位を利用した言動をしてくる）
- 上司との関係（上司に振り回される）
- 部下との関係（部下のやる気がない）
- 生徒や患者との関係（問題行動がある、やる気がない）

など、さまざまな場面に応用できます。

とくに、親子、夫婦、職場の人間関係などは、関係を断ち切りたいと思っても難しいし、変えたくてもなかなか変えられないですよね。

でも、たとえ相手をチェンジしなくても、状況を変えることはできます。
それはまず、自分の**「ものの見方」をちょっと変えてみること。**
これだけで、まず自分の言動が変わってきます。次に、それが相手にも影響して、状況や環境が変わってくるのです。

この方法のいいところは、すべて《犠牲者》《迫害者》《救済者》という三者間の関係図にあてはめてみればいいという点（《救済者》がいない場合や、相手が人ではなくものや状況の場合もあります）。次の図式のようにとてもシンプルです。

- イヤな思いをしている人＝《犠牲者》
- その原因と考えられている人・もの・状況＝《迫害者》
- イヤな思いを和らげている人・もの・状況＝《救済者》

具体的にあてはめてみましょう。

◎子どもが言うことを聞かない場合

- イヤな思いをしているのは自分＝《犠牲者》
- その原因とみなされているのは子ども＝《迫害者》
- イライラを解消してくれるのは食べ物＝《救済者》

◎夫がモラハラの場合

- イヤな思いをしているのは自分＝《犠牲者》
- その原因とみなされているのは夫＝《迫害者》
- そのことについて相談している相手は友達＝《救済者》

このように、状況に応じて考えていきます。

では、次ページのワークで、あなたのまわりのどろどろした人間関係を図式化してみましょう。

どろどろ書き出しワーク

あなたを取り巻く人間関係はどのようなものですか？
登場人物を挙げて、どろどろトライアングルの
状況と役割の変化を書き表してみましょう。

［現在の状況］

- 誰がどの役割を果たしていますか？

犠牲者 ＝

迫害者 ＝

救済者 ＝

［役割の変化］

- 役割はどう変化しましたか？

犠牲者 ＝ ➡ 者

迫害者 ＝ ➡ 者

救済者 ＝ ➡ 者

第3章

どろどろトライアングルに陥る人たち

プライドの高い人は《犠牲者》になりやすい

この章では、《犠牲者》《迫害者》《救済者》になりやすい人の特徴を紹介していきます。と言っても、人間であれば誰もがどろどろトライアングルに陥ることがあるでしょう。私たちの脳が不安に注目するネガティビティバイアスがかかっているのですから。

ただ、《犠牲者》がいつも《犠牲者》で居続けるわけではありません。《犠牲者》《迫害者》《救済者》の役割はくるくると入れ替わっていきます。

しかし、《犠牲者》でいる頻度が高かったり、「犠牲者マインド」を持っている時間が長かったりする人はいます。それを知って抜け出すきっかけにしましょう。

❶《犠牲者》はプライドが高い

《犠牲者》はプライドが高いため、自分の力が足りなかったと認めたくありません。

問題が起きたら誰かのせいにして、プライドが傷つかないようにするのです。

プライドが高いというのは、「条件付きの自己肯定感を持っている」とも言えます。できる自分は受け入れられるけれど、できない自分は受け入れられないのです。そのため、《迫害者》のせいにして挑戦しなければ、失敗もしないのでプライドを守れます。《犠牲者》のポジションは、自分のプライドを守ってくれるありがたいものなのです。

私が働いていた大学では1年間の留学が必須で、定期的にTOEFLの試験がありました。そこで、試験当日になると必ずお腹が痛くなる学生がいました。

「試験を受けられなかったから、留学に必要な点数が取れなかった」

と思えるからかもしれません。

このような状態を「セルフハンディキャッピング」と言います。自分の成長を妨げる行動をして、失敗から自分を守ろうとするのです。

❷《犠牲者》は悪い状態をつくってでも注目されたい

《犠牲者》になりやすい人は、過去に、がんばっても注目されず、何か問題を起こしたときのほうが注目してもらえるという経験を重ねてきている場合があります。

たとえば、元気で学校に通っているときには気にかけてもらえなかったのに、具合悪そうにしていたら、お母さんが急に気にしてくれたとか、病気になったら親が優しくなって面倒を見てくれたなどです。

波風立てず、何事もなく平和に暮らしているときには、親や周囲の人に全然注目されなかったのに、悪いことが起きたときに注目してもらえたという経験が多いと、

「問題を抱えているほうが人とつながれるのだ」

「問題がないと見てもらえないのだ」

という考えが、知らず知らずのうちに刷り込まれるのです。さらには、

「幸せになったら、みんなは自分を見てくれない。つながりが絶たれる」

という思考につながり、無意識のうちにいつも不幸になるようなトラブルややっかいごとを探し求めるようになるのです。

批判的な人は《迫害者》になりやすい

《迫害者》と思われやすい人は、自分を《犠牲者》と思っていたりするので、少し難しいのですが、強いて言うなら、次のような特徴があります。

❶《迫害者》は過去と「弱み」にフォーカスする

《迫害者》は「あなたが悪い」と人を責め、問題の原因を過去に求める傾向があります。また、「あなたはこんなところがダメ」「こんな点が足りない」「もっとここをこうしたほうがいい」のように、欠けている部分や「弱み」ばかりにフォーカスしがちです。

❷《迫害者》は意見を言えずため込んだ結果のこともある

《迫害者》になりやすい人は口調が強い傾向があるので、自分の言いたいことを言っているように見えますが、内側にため込んで我慢した結果、そうなることもあります。

それがあるときに爆発して、相手にドカン！　と落ち、《迫害者》になってしまうのです。言いたいことは、その場で言えるといいですね。

❸《迫害者》は強そうに見えてじつは弱い

《迫害者》は暴力に訴えたり、強い口調で相手を攻撃したりすることから、一見強く見えがちですが、じつは弱いところがあります。

ヤンキーがちょっと人の肩がふれたり、目があったように見えたりしただけで、「なんや、おまえ、ケンカ売ってんのか？」

といちゃもんをつけるのも先制攻撃のひとつ。これに少し似ているかもしれません。いじめっ子も、やり返すと急におとなしくなったりしますね。

❹《迫害者》は《犠牲者》時代の怒りが起爆剤になっている

《迫害者》は元犠牲者だった場合が多いので、そのときに吐き出せなかった怒りが起爆剤となって、《迫害者》として攻撃的になっている場合があります。その場合、本当の怒りの対象は過去の誰か、あるいは自分なのかもしれません。

真面目でやさしい人は《救済者》になりやすい

❶《救済者》は条件付きの自己肯定感を持っている

《救済者》と言っても、常に《救済者》で居続けているわけではありません。《救済者》としての役割を果たす時間が長いという意味です。

《犠牲者》と共通しますが、《救済者》に陥りやすい人は、ただの自己肯定感ではなく、条件付きの自己肯定感を持っている人が多いです。幼少期から、条件付きでほめられたり、愛されたりしてきた経験が多いのかもしれません。

親の言うことに素直に従ったからほめられたけれど、

「えー、今テレビがいいところなのに」

と口答えをしたら怒られた、というようなことです。

ありのままのあなたが愛されているのではなく、

「点数が取れたあなた」
「いい子にしているあなた」
「妹や弟の世話をしてくれるあなた」

など、条件付きのあなただから愛されてきたという思いがあります。プロセスではなく、結果だけを見てほめられてきた経験を積んできたということです。

なので、人の役に立たなければ愛されないと感じているのです。

親も本当は無条件に愛していたのでしょうが、私たち人間には、ついネガティブに物事を見てしまうネガティビティバイアスがあります。親も子どものことを思って、あえて厳しいことを言うギャップアプローチでがんばっていたのかもしれません。

❷《救済者》は完璧主義で真面目

条件付きの自己肯定感を持っている人は、完璧主義になりやすいので、《救済者》になりやすい人には完璧主義な人が多くいます。というのも、

「自分は完璧でなければ愛されない」

と思っているところがあるからです。

たとえば、学生時代に100点を取ったらほめられたけれど、95点だと、

「なんで100点じゃないの」

と怒られた経験がある人は、

「100点を取らないと私はダメなんだ！」

「きちんとやらなければ」

と思ってしまうこともあるのです。完璧でなければ人から好かれない、認めてもらえないと考えてしまうのです。私が、子育てが辛くても助けを求められなかったのは、完璧主義でほかの人に弱みを見せられなかったからです。


また、《救済者》になりやすい人は、とてもまっすぐで真面目な人が多いです。

「逃げてはいけない」

「私がやらなくて誰がやるの？」

「間違っていることはきちんと正さなければ」

という気持ち、強い責任感を抱いている人が多いです。それが行きすぎると、本来

は自分の守備範囲外のことまで「ちゃんとしなきゃ」と思い、できないと勝手に責任を感じて、「全部自分のせいだ」と自分を責めるのです。

❸《救済者》は使命感の強い職業人に多い

親、教師、カウンセラー、医師などは、比較的《救済者》になりやすいです。

というのも、

「自分より若い（小さい）子どもたちを立派に育てなければ」

「きちんと勉強させなきゃ」

「（自分より弱い立場の人を）しっかり治さなければ」

などの使命感を強く抱いているからです。それが行きすぎると、

「私がやらなければ、相手はダメになる」

という気持ちにつながります。役割を生きている状態です。

燃え尽きやうつ、休職の多い職業でもあります。

《救済者》は、とても親切で愛情深い傾向があります。だから課題の分離が難しく、

相手の不幸を自分の責任にしてしまうのです。

❹《救済者》は長女・長男が多い

長女や長男は、生まれてすぐから、親の愛情を一心に受けます。けれど、ある日、小さなかわいい弟や妹が現れると、突然愛情を横取りされたような感情を抱くことがあります。

自分も赤ちゃんのときには同じようにかわいがってもらったのですが、残念ながらその記憶はありません。小さくて無力で手のかかる赤ちゃんに親の注目が集まってしまったと感じたとき、自分に注目してもらい、愛情を注いでもらうために「きちんとしよう」と考えるのかもしれません。

そして、さまざまなことを完璧にこなし、「できる子」「迷惑をかけない子」「役立つ子」として、自分のポジションを守ろうとするのです。

子どもは親に見捨てられたら生きていけませんから、家庭の中でいちばん望まれる自分を演じます。そして、大人になって家を出てもそのクセが抜けず、人の役に立つことで自分の存在価値を感じようとすることもあります。

それが「救済者マインド」につながりがちなのです。

❺《救済者》は自分の悩みから逃げていることもある

《救済者》は、自分の問題から目をそらすために、人を救済する場合もあります。

これは一種の逃避行動です。

人を救済する行為が心を麻痺させてくれる、自分を救済してくれる行動になることもあるのです。

過去を清算しなくても未来は変えられる！

ここまで、それぞれの役割になりやすい人の特徴をまとめてきました。実際はもっと複雑なのですが、あえてわかりやすくシンプルにしてみました。これらを読むと、「自分が育ってきた環境からどろどろトライアングルの役割に就いてしまっているのなら、それを変えることは難しいのではないか」

と感じるかもしれません。

でも、そのようなことは決してありません。

なぜなら、冒頭にもお伝えしたように、人間関係は「スキル」だからです。

よく「過去は変えられない」と言いますよね。たしかに過去の「事実」を変えることはできません。でも、過去に起きたことをどろどろトライアングルでひも解くことによって、**過去の「意味」を変えることはできます。**

悪いことが起きると、

「あのときのあれがいけなかったのかも」

「これまでの行いがよくなかったから、悪いことを引き寄せたのかも」

「私の問題の原因は、幼少期のあの出来事と関係しているのだ」

と、それが過去の延長であるかのように考えてしまうことがあります。また、

「過去のトラウマやつらいことを受け止めてこそ、次に進めるのだ」

と、これまでの人生の棚卸をしたり、もうちょっとスピリチュアル的になると、インナーチャイルド（傷ついた子どもの心＝幼少期に経験したイヤな記憶、思い出）を見つめ直そうとしたりする人もいます。


でも、過去を見つめ直すことは、あまり意味がありません。

過去を一つひとつ振り返って、つらかったことを一掃しようとしたり、直そうとしたりしなくても、未来は変えられます。しかも、もっと簡単にできるのです。

というのも、**未来は過去の延長線上にあるわけではない**からです。

どんな過去だったとしても、今からつくる未来とは関係ないのです。

図 7　未来は過去の延長線上にない

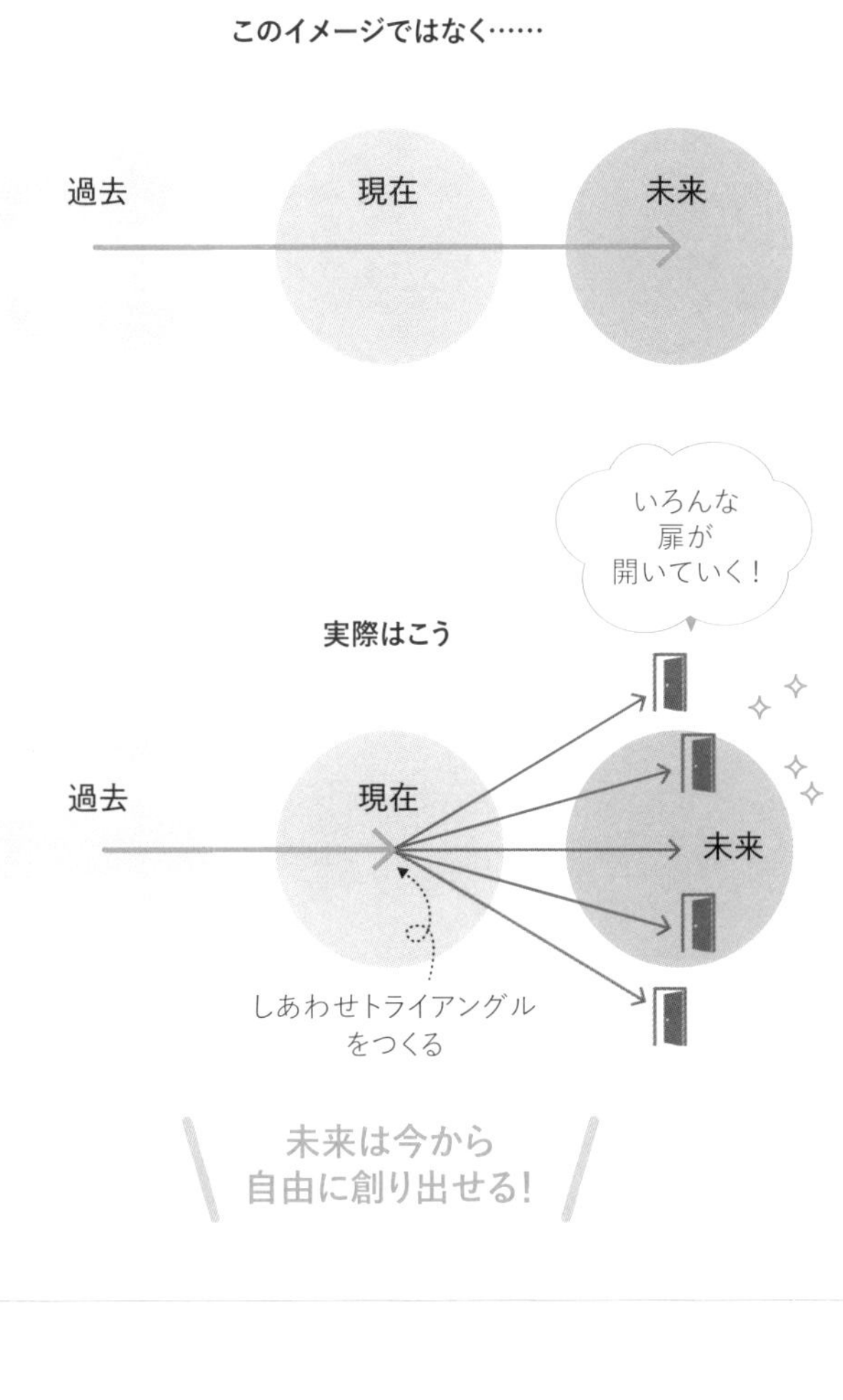
このイメージではなく……
過去
現在
未来
いろんな
扉が
開いていく！
実際はこう
過去
現在
未来
しあわせトライアングル
をつくる
未来は今から
自由に創り出せる!

やることはただひとつ。

この現状を知り、それをしあわせトライアングルに変えていくことです。


私のアカデミーの生徒さんが、こんなことを言っていました。

「どろどろトライアングルを学んだら、自分の目の前にあるドアが次々と開いていきました。以前は、その扉はものすごく重くて分厚いものだと思っていたんです。でも、実際には、軽くて風が吹くとパタパタ開閉する西部劇の舞台セットのようなものでした」


未来を変えることは、じつは苦しいことでもつらいことでもなく、こんなに簡単なことなのです。

過去は清算しなくても大丈夫。

どろどろトライアングルでものの見方を変えると、自然と未来が変わっていきますよ。

第4章

しあわせトライアングルで人間関係がみるみるよくなる

「悪い関係」がとても「いい関係」に変わる

どろどろトライアングルのことがわかってくると、そこから抜け出したくなりますよね。抜け出すときは、図8のように、下向き三角▽が上向き三角△にひっくり返ります。

《犠牲者》は《クリエイター》に、《迫害者》は《チャレンジャー》に、《救済者》は《コーチ》に変わるのです。「どろどろ」が「幸せ」に変わる瞬間です。

これを心理学用語では「TED」（The Empowerment Dynamics　ジ・エンパワメント・ダイナミクス）と言います。Empowerment は権限を持たせること、Empower は自信を与えること、Dynamics は原動力とかエネルギーという意味です。

お互いに幸せになれる**しあわせトライアングル**と言えますね。

図8　しあわせトライアングルの世界

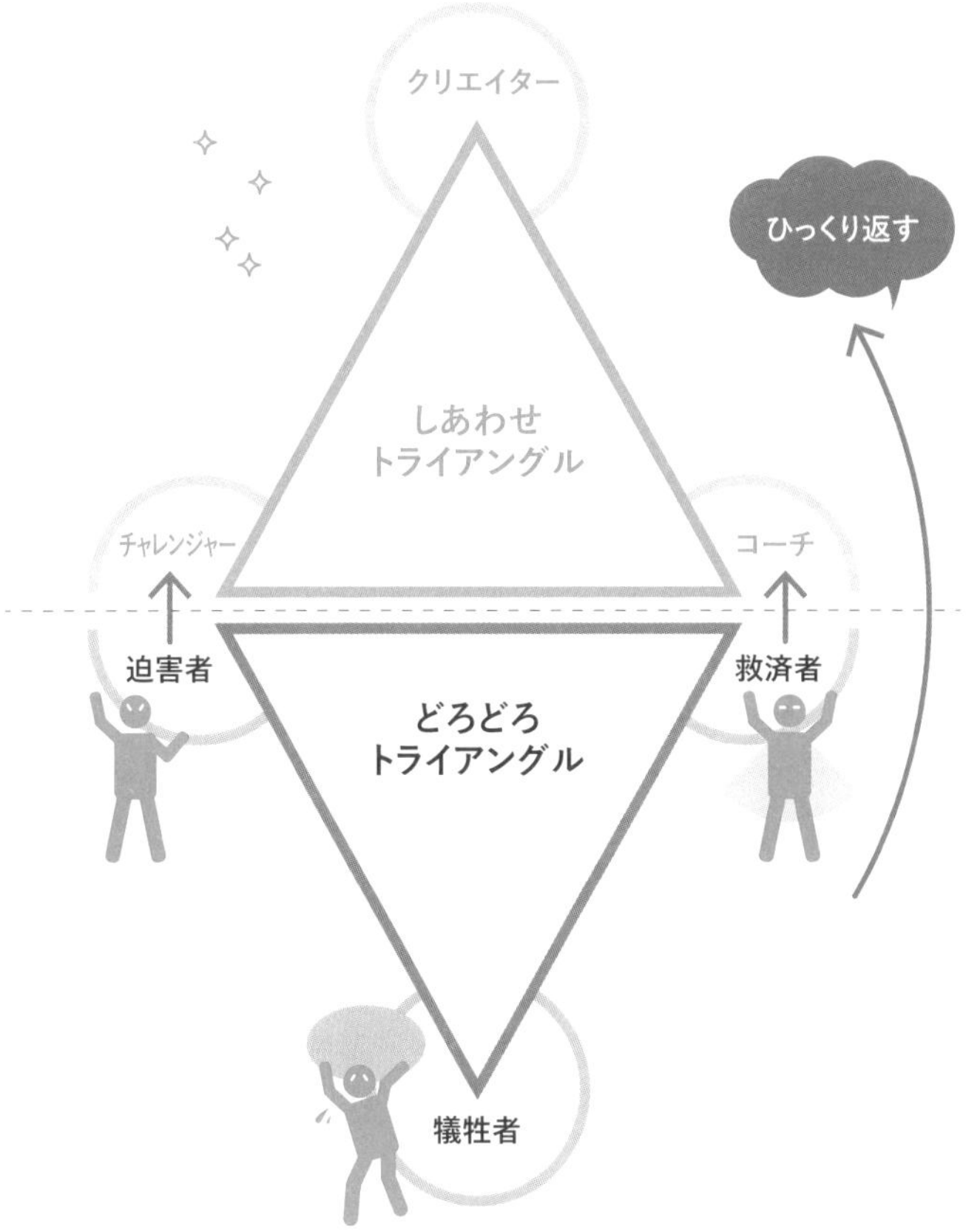

（The Power of TED. David Emerald 2005 を参考に作成）

つまり、どろどろトライアングルが自信とエネルギーを与えてくれる関係に変われるということです。交流分析という、人と人の交流（コミュニケーション）を研究する心理学の考え方です。

❶《犠牲者》は、自分の道を切り拓く《クリエイター》になる

トラブルや悪いことが自分に降りかかってきて何もできないという悲劇の主人公から、自分で自分の道を切り拓き夢をかなえていく《クリエイター》に変わることができます。

受け身の生き方から、自分から行動を起こす能動的な生き方に変わっていきます。誰かのせいにしないで、自分で選んだ道を進むことができるのです。

「かわいそうな私↔ひどいあなた」

という世界から、

「夢のある私↔夢を応援してくれるあなた」

の世界へ変わる図式です。

夢のために「自分に今、何ができるだろう」と考え、自分自身で切り拓いていく世界になります。

また、世界があなたに影響を与えているのと同じく、あなた自身もあなたのいる世界に影響を与えられるのです。

❷《迫害者》は、自分を成長させてくれる《チャレンジャー》になる

《迫害者》は《犠牲者》であったときに、

「○○さんのせいでこんな目にあった、～ができなかった」

など物事を進めるときに邪魔や障壁とみなされます。

それが《クリエイター》に変わると、

「○○さんがいたから成長できた」

と、チャレンジさせてくれ、成長させてくれる、ありがたい存在に変わります。

具体的には、《クリエイター》の創造意欲を呼び起こしたり、新しい知識やスキルの獲得を促進したり、難しい決断を先延ばしさせずに下させたり。《クリエイター》

の夢の実現のために必要な行動を促してくれるのです。

《チャレンジャー》は《迫害者》と同じく、人ではなく病気やコロナなどの、ものや状況の場合もあります。

❸《救済者》は、相手の成長をサポートする《コーチ》になる

「かわいそうな人だから、私が助けてあげなくちゃ」

と《犠牲者》を救い、頼られることで自分の存在価値を見出す《救済者》は、

「あなたは大丈夫。できる!」

と相手を信じ勇気づけ、成長を支援する《コーチ》に変わることができます。

《犠牲者》が《クリエイター》として独り立ちするための手助けをするのです。欠点でいっぱいだと思っていた《犠牲者》の「強み」が見えてくるでしょう。

このように、考え方やものの見方がちょっと変わると、足を引っ張り合う関係から、お互いに高め合い成長に役立つ、前向きな関係へと変わっていくのです。

人間関係がよくなっていくプロセスとは？

がん宣告でどろどろトライアングルのまっただ中に

ここで、私の事例を少しご紹介しますね。

２０２２年５月に、私はステージ２の乳ガンを宣告されました。腫瘍は最初、マンモグラフィーでは２㎝だったのが、１週間後のＭＲＩでは５㎝と言われ、リンパ節転移も２ヶ所ありました。

「なんで私なんだろう」

「２カ月前に触診してくれたドクターはこのガンを見抜けなかった」

「検査をキャンセルしたあの病院のせいで発見が遅れたんだ」

「きっと、夫と娘がストレスばかり与えるからこうなったんだ」

「コロナ禍で病院が人手不足で、検査の予約が入れられなかったからだ」

人を責める気持ちが次々と浮かび、過去の自分を責める気持ちも生まれました。

「食生活がいけなかったのかな」

「運動が足りなかったのかな」

「健診の予約を1年以上空けてしまうなんてバカだった」

世界が本当にグレーに変わりました。仲良くしてきた人たちが遠くに行ってしまったような気分にすらなりました。恐怖心は募るばかり。

「このままステージが進んでいったら……子どもたちはどうなるの？」

暗い未来など、いくらでも描けてしまいます。


このとき、私は《犠牲者》、ガンは《迫害者》、ドクターは《救済者》でした。けれど、このどろどろトライアングルを抜け出してしあわせトライアングルの世界に行くと、人生が変わりました。

決断ひとつで《犠牲者》から《クリエイター》になる

私はポジティブ心理学を学んでいたので、自分がどろどろトライアングルに陥っていると気づけました。そこで、まずは《犠牲者》ではなく《クリエイター》として生きようと決めたのです。ここに行き着くまでに3日かかりました。

このとき、私を心配した兄から電話がかかってきました。

「ドクターに言われるままではなく、自分で調べたほうがいいよ」

送ってくれた本には、さまざまな方法で自力でガンを治した人たちの手記がありました。また自分でもネットや人づてに話を聞くなど、調べまくりました。すると、自分で何かできることがあるかもしれない、と思えるようになってきたのです。

何事も自分で決めて創造していく《クリエイター》になると決意したとき、次のことも決めました。

- ガンを治す（私のガンは治る）

・過去を振り返って原因探しをしない
・人や環境を責めない、自分も責めない
・ガンを治すために、今自分に何ができるかだけを考える

病気が治る未来もあれば、治らない未来もある。私は治る未来を信じる選択をしました。そして、ドクターによく質問して理解を深め、納得しながら、治療の計画を立てていきました。すると、グレーだった世界に、色が戻ったのです。

原因を探すよりその意味を考える

私がガンになってから知った言葉に「キャンサーギフト」があります。ガンになったことで受け取った贈り物という意味です。治療のはじめのころに、ガンから何を受け取り、このチャレンジから何を学ぶかを決めたのです。

そして「なんでガンになったのか」という原因探しをやめて、ガンになったことの意味を考えることにしました。

きっかけになったのは、母からの電話です。

「私ね、最近自分の人生は何もなくてつまらないと思っていたの。でも、あなたがガンとわかってから、何もない人生がどんなに幸せかに気づいたの。そうしたら、心からの感謝があふれてきて……すべては神様からのギフトよ」

逆境を前にして、何がギフトなのかを考える視点は、とても《クリエイター》的だと思いました。また、人生後半になってからはとくに、起こることすべてに意味があると感じるようになっていました。そして考えたのです。

「ガンがギフトだとしたら、いったい私に何をもたらしてくれるのだろう。私は何を学べるのだろう」

これまで、なにか事が起きたあとに、そこから学んだことを意味づけることはありました。でも、今回は乗り越える前に、この経験から何を学ぶかを、あらかじめ決めたのです。

まず思いついたのが、人に頼れるようになることでした。私は、ひとりでなんでもやろうとするところがあって、人に頼ったり甘えたりするのがとても苦手でした。完壁でないと愛されないと思っていたのでしょう。

子どもたちが1歳と2歳のとき、私は秋田、夫はアメリカの遠距離生活でした。完全なワンオペ育児です。当時は毎日がつらすぎて、子どもたちを叱ってばかりでした。今振り返ってみると、つらかったのは人に頼れなかったからでした。

「ガンは、そんな私に頼ることを教えようとしてくれていたのかもしれない」

ガン宣告されたとき、私はそう思ったのです。また、職業柄、心のケアはこまめにしてきたけれど、体のケアが少しおろそかになっていることにも気づきました。

「働きすぎだから、仕事をスローダウンしなさいと教えるためにやって来たのかも」

そうも思ったのです。

公表することでいいことが起きる

「2人に1人がガンになる時代。私は治してガン患者の希望になる！　世界一の明るいガン患者になって、希望の光になろう。そのためにも、まずは公表しよう」

これが私の決めたふたつめのことです。仕事先やSNSなどでつながっている人たちに、自分の病気を公表することにしました。

最初は、ためらいがありました。かわいそうな人と思われたくなかったからです。そのとき、大きな病気にかかった人のことを、自分はかわいそうな人と見ていたことに気づきました。病気の人を《犠牲者》と見ていたのです。

「それはよくないし、自分だったらイヤだな」

と感じたので公表することに決めました。また、

「ガンになったことを職場で言えず、有休を使ってこっそり治療している人も多い」

とガン患者をサポートしている人から聞いたのも公表する後押しになりました。

「病気を公表することで、誰もが必要なサポートを受けられる社会にしよう」

と思ったのです。

そうしたら、予想外の展開が待っていました。私を助けようという人が次々と現れたのです。

「○○がガンにいいらしいですよ」

「じつは私もガンでした」
「親がガンで亡くなりました」
「若い頃から親の病気を介護するヤングケアラーでした」
治療法からカミングアウトまで、たくさん連絡をいただき、とても励まされました。最初はためらったけど、公表してよかったと心から思いました。

手術の後には友人21人が1日ずつ食事を持ってきてくれるミールトレインをしてくれて、3週間しっかり休むことができました。

結果的に、5ヶ月の抗癌剤治療の後、手術をしたときには、ガンは2㎜になっていて、転移は消えていました。

また抗癌剤治療や放射線治療はあまり副作用もなく終えられたのですが、何よりうれしかったのは、心理的に落ち込むことなく幸せに乗り越えられたことです。

《クリエイター》は人生をつくれる人

どろどろトライアングルを抜け出すと、しあわせトライアングルの世界が待っています。そこでは、「《犠牲者》が《クリエイター》」「《救済者》が《コーチ》」「《迫害者》がチャレンジャー（自分を成長させてくれる人）」に変わるのです。

まずは《クリエイター》ですが、どのような人なのでしょうか。

❶自分の人生を自分でつくる

《クリエイター》は、

「自分の人生は自分でつくれる」

と考えています。人や社会や未来すべてを信じているので、焦ることなく自分で決めて動けるのです。愛やパッション（情熱）が行動のベースになっていて、

「こんな未来がつくりたいから何をしよう？」

と考えるので、より自分らしく自然体で前に進むことができるようになります。

❷人や社会を信じて助けを求める

《クリエイター》は、自分のまわりに自分の「強み」を見てくれる人がいる、わかってくれる人がいる、ということを知っています。

だから、安心して自分の弱いところ、ダメな部分も見せられるのです。また、「自分はここが弱いから助けてほしい」と誰かに助けを求めることもできます。これは、《犠牲者》が《救済者》に頼るのとは違います。

《犠牲者》は、《救済者》が問題を解決してくれることを期待して丸投げしますが、《クリエイター》は、自分のつくりたい世界のために必要なサポートを人に頼むのです。

《クリエイター》は、みんなが自分の幸せを応援してくれることを知っています。

私がガンを治したい、手術のあと安静にしたいと考えてミールトレインを頼ったのはまさにそれです。

③クリエイターマインドを持っている

《クリエイター》は、しあわせトライアングルの中心的な存在です。どろどろトライアングルでは、みんなが恐れをベースにした「犠牲者マインドセット」を持っていましたが、しあわせトライアングルはその逆で、みんながこうしたいという情熱をベースに行動する「クリエイターマインドセット」を持ち合わせています。

「犠牲者マインドセット」（81頁の図5）**では、「何が欲しくないか」という問題にフォーカスします。**

心には不安が生まれ、その不安を打ち消すために行動します。人間、不安になると、

「あれはイヤだ」

「これはよくない」

と否定やダメなものばかりを挙げがちです。

「では、あなたはどうしたいの？」

「どういう状況を望んでいるの？」

と聞いてみると返答に困る人が多いです。「欲しくないもの」ばかり見ていて、「欲しいもの」に目を向けていないからです。

これに対する「クリエイターマインドセット」が次頁の図9です。ここでは、「何が欲しいか」という理想にフォーカスします。

常に、自分の欲しいもの、理想、ゴールを思い描くのです。

夫婦関係で言えば、

「あれをしてくれない」

ではなく、

「どんな関係が理想なのか」

を考える。

親子関係なら、

「怒りたくない」

ではなく、

「どういう関係を望むか」

という理想を挙げてみる。

そのほか、

図9　クリエイターマインドセットの世界

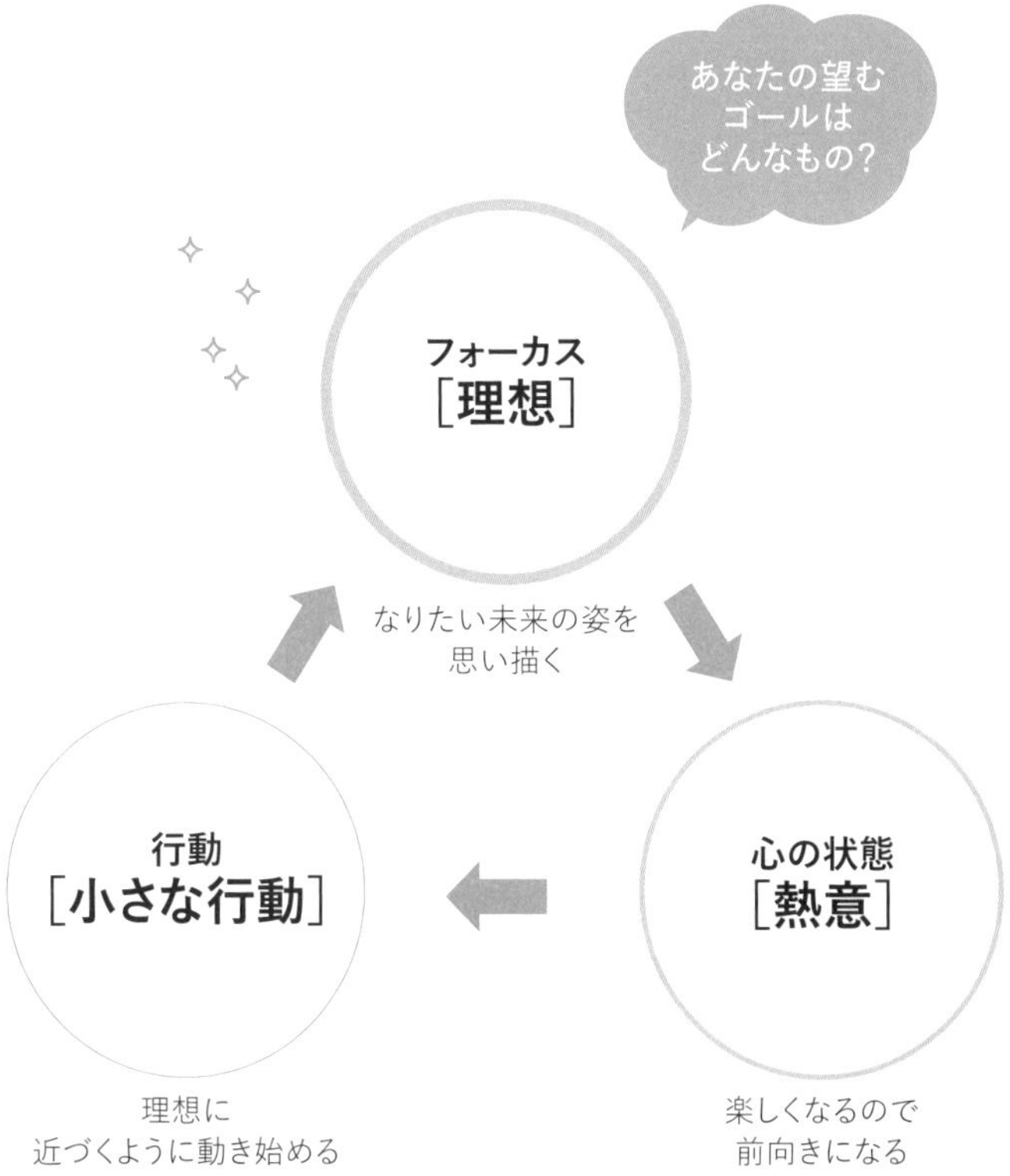
あなたの望む
ゴールは
どんなもの？
フォーカス
［理想］
なりたい未来の姿を
思い描く
心の状態
［熱意］
楽しくなるので
前向きになる
行動
［小さな行動］
理想に
近づくように動き始める

「どういうママ友関係を築いていきたいか」
「嫁姑の関係はどうなりたいのか」
「上司との関係に何を望むのか」

などを思い描きます。

そのため、心にはいつも熱意が溢れています。そして、そのビジョンに近づくために、小さな行動を起こしていくのです。

面白いことに、《クリエイター》になると、まさに私に起きたことのように、セレンディピティやシンクロニシティなど、偶然という言葉では説明がつかないような幸運な出来事が多発するようになります。

「何が欲しいか」が明確だと、まわりも応援しやすくなるのです。

理想が明確になったら、そこに近づく小さな一歩を行動に移していくのが「クリエイターマインドセット」です。人間関係に限定しなくても、自分の住みたい家やライフスタイルでもいいです。できればノートに思いつくままに書き出してみましょう。

《チャレンジャー》は人を成長させてくれる人

《チャレンジャー》には、次のような特徴があります。

❶行動を促してくれる

《チャレンジャー》は、相手に行動を起こさせるきっかけをくれる人です。夢や願望をかなえるための新しいスキルを学んだり、難しい決断を下すきっかけをくれます。

❷災いを転じて福とする

この世の中、とんでもない人から教訓を得ることがありますね。それも《チャレンジャー》。《チャレンジャー》は人、もの、状況、環境の場合があります。

そして、ものの見方を変えると《迫害者》から《チャレンジャー》に変わります。

「ひどい上司のせいで、誰かに相談することの大切さを知った」

「リストラされたおかげで、本当にやりたい仕事に就くことができた」

「離婚したことで、今の伴侶に出会うことができた」

と思えたとき、リストラも離婚も《チャレンジャー》という存在になります。

コロナもそうです。不便な体験をした人も多いでしょうが、それによりZOOMなどのオンラインツールが普及し、より自由な働き方ができるようになった人も多いでしょう。そう思えたとき、コロナも《チャレンジャー》に変わります。

❸好きじゃないけど結果的にありがたい存在

《チャレンジャー》には大きく2種類あります。

・建設的チャレンジャー

希望する方向に自分を促してくれるありがたい存在です。

たとえば、受験のときに、

「この学校しか行きたくない！」

と主張する生徒に、

「こういう学校もありますよ」

「あなたにはこういう進路が向いているかもしれない」と別の角度から提案をしてくれる先生は、建設的チャレンジャーです。

●非建設的チャレンジャー

自分にとって好ましくない存在だけど、結果的にはありがたい存在です。

たとえば、嫌いな上司や病気など、求めてはいないけど、結果的にはいい学びや成長をもたらせてくれた人やものです。

《コーチ》は人を応援できる人

《救済者》は《コーチ》になると、どのような存在になるのでしょう。《コーチ》には、このような特徴があります。

❶《犠牲者》を信じる

《救済者》は《犠牲者》のことを、

「私がいないと何もできない」

と思っています。つまり、相手を信じていません。これに対して《コーチ》は、

「この人は自分で解決できる人だ」

と相手を信じています。その結果、《犠牲者》は自信を取り戻し、

「やってみよう！　自分で乗り越えてみよう」

という気持ちが湧いてくるのです。

❷《犠牲者》の「強み」を見る

《救済者》は《犠牲者》の「弱み」「欠点」に注目していますが、《コーチ》は「強み」「いいところ」を見ます。

「あなたにはこんな強みがあるから活かせるはず。だから大丈夫。きっとできるよ」

と勇気づけます。

相手は自己肯定感がどんどん高まります。自分では見えにくい「強み」を見えるようにしてあげるのが《コーチ》の役割なのです。

❸原因を詮索せず未来を見つめる

《救済者》が、

「なぜそんな問題が起こったんだろう」

「過去の○○がよくなかったかも」

と過去の問題にフォーカスするのに対して、《コーチ》は、

「どこへ行きたいか？」

と、未来の理想やゴールを見ていきます。

❹自分で解決できるように支援する

《コーチ》は、《犠牲者》の「自分はひとりでは何もできない人」という思い込みを取り去り、奪われた力を取り戻してくれます。

「できない」という呪いを溶かす解毒剤の役割を果たしてくれるのです。

《犠牲者》は《コーチ》の応援によって、自分でもできるという自信が湧き、力を蓄えて、自分で成長できるようになるのです。

そして、次に同じような問題が起きたときには、自分で解決できるようにアドバイスしながら、支援してくれます。

❺《コーチ》自身が《クリエイター》である

《コーチ》というと、スポーツの《コーチ》のイメージがありますね。試合には出ないけれど、選手たちが最高のパフォーマンスを発揮できるようにサポートします。

しあわせトライアングルの世界の《コーチ》も似ているところがあります。

スポーツのコーチとの違いは、コーチ自身が《クリエイター》でもあること。

つまり、《コーチ》は《クリエイター》を兼ねているのです。

だから、**誰かを幸せにすることで自分が満足感を得るのではなく、自分自身も夢を実現しようとしています。**

これはとても大切なポイント。

人を支援することだけに自分を捧げてしまうと、《救済者》になってしまいます。

第5章

《犠牲者》から《クリエイター》へ変わろう！

「ものの見方」だけで役割がガラリと変わる

この章からは、どろどろトライアングルから抜け出す方法を紹介していきます。

じつは、**起きているイヤなこと、悪いことは、「事実」ではなく「ものの見方」です。どろどろトライアングルの世界にいる間、イヤなことを引き起こす人や事象、環境をすべて《迫害者》と見なしているのです。**

たとえば、あなたがレストランを経営していたとします。お店はけっこう人気で、お客さんがひっきりなしにやってきていました。ところがコロナ禍で外出が制限され、客足が一気に落ちてしまいました。売上は激減。借金がかさみ家賃が払えなくなり、お店をたたまざるを得なくなってしまったのです。

この場合、コロナは悪者で《迫害者》、あなたはコロナに迫害されている《犠牲者》です。

では、こんな場合はどうでしょう。同じくけっこう人気のレストランを開いていましたが、コロナ禍で売上は激減しました。

そこで、全国に店の味を広めるためにメニューを開発し、オンラインショップを開設したところ、これが大当たり。別のレストランオーナーからの相談もたくさん受けるようになりました。

今では、レストランとオンラインショップの経営のほかに飲食店経営者向けのオンラインセミナーも開催しています。コロナのおかげで仕事の幅が広がり、収入も大きく増えたのです。

この場合、「コロナのせいで」ではなく「コロナのおかげで」と、コロナはいい転機をくれたありがたい存在になります。コロナは自分を成長させてくれる《チャレンジャー》、あなたは《クリエイター》となるのです。

このように、客観的に「いい」か「悪い」かのラベルを貼ることはできません。

ある人には「悪い」ことでも、別の人には「いい」ことだからです。

つまり、「いい」も「悪い」も自分がそう見ているにすぎないのです。

《クリエイター》のマインドを持とう

《犠牲者》と《クリエイター》の違いは、主導権を自分が持っていると思っているか、相手が持っていると思っているかです。

《クリエイター》は、周囲に意見を聞いたり人を頼ったりしますが、最終的な決断は自分がします。《犠牲者》は相手の意見に左右され、相手に丸投げすることもあります。

病気の例で言えば、《犠牲者》の場合は、

「もう、先生の言うことはなんでも聞きますから、先生がいいと思う方法をすべてやってください。先生を信じていますから」

と全面的な信頼でおまかせします。プロにおまかせというわけです。

一見正しいように聞こえるかもしれませんが、その瞬間、すべての主導権は医師が持つことになり、自分ではコントロールできません。

一方、《クリエイター》は、医師の見解はあくまでも意見として聞き、最終判断は自分でします。治療法を自分で調べて、わからないことは医師に聞き、ベストの方法を自分で決めます。自分でコントロールするのです。

私は、疑問点はすべて医師に聞いて説明してもらったので、治療に関しては自分で手綱を握っていると感じていました。

人生は自分のもの。主導権は自分で持っていたいし、そのほうが人生を楽しめます。そのためにも、ぜひ「クリエイターマインド」を身につけていただきたいのです。

また、これからの人生だけではなく、これまでの人生の決断すべてが自分によるものだったと受け入れることも大切です。これまでの人生で、つらいことや失敗した決断もあるでしょう。

私も振り返ってみると、子育ては後悔や反省の連続でした。かつては、

「もっとああすればよかった」

「あんなことをしなければよかった」

と悔やんでは、自分を責めていました。

ですが、あるとき、気がついたのです。

「当時は、そのときできる最善を自分で選んだのだ」

それ以上もそれ以下もできなかったのです。それはほかの人も同じ。


あなたも同じです。**後悔することはあるかもしれません。でも、それは選択を誤ったわけではありません。そのときのベストをやってきただけなのです。だから、自分を責める必要はまったくありません。むしろ、自分をおおいにほめてあげましょう。**

「がんばったね！」

と、いたわってあげてください。

そして、次の一歩を踏み出しましょう。

ちょっとしたことで、どろどろから抜け出せる

いつも前向きでしあわせトライアングルの世界にいるように見える人でも、年中そこにいるわけではありません。時にはどろどろトライアングルの世界に陥ることもあります。どちらの世界に多くいるか、ということです。

しあわせトライアングルのことをかなり学んでいる私でも、どろどろトライアングルにはまることはあります。ただ、そこから抜け出す術を知っているので、ほかの人よりしあわせトライアングルに戻るのは早いかもしれません。

私がガンになったときは、過去に原因を探し、人や自分を責めていました。

「かわいそうな私」⟷「ひどいあなた」

というどろどろトライアングルの世界にどっぷり。「犠牲者マインドセット」です。

でも2日寝て、3日目には「治るために、私は何ができるか」に集中しようと決めま

した。しあわせトライアングルの世界に戻り《クリエイター》に切り替わったのです。

夫とケンカしたときは、

「ああ、私はこの人のせいで本当に苦労するわ……」

と思うことがあります。このとき、私はどろどろトライアングルの世界にいて《犠牲者》、夫は《迫害者》です。ですが、そのあとこう考えるのです。

「でも、こんな夫だからこそ、私は人間関係をよくするための心理学を学ぶことができたんだ。成長できたのは夫のおかげかもしれない」

その瞬間私はしあわせトライアングルの世界に戻ります。夫は《迫害者》から《チャレンジャー》に、私は《犠牲者》から《クリエイター》になります。

「あー、まったくこの子は私がいないとダメなんだから！」

と思うこともあります。どろどろトライアングルの世界に入り込んだ瞬間です。

でも、そのあと、

「子どもは自分できちんと乗り越える力があるのだ。私はそれを信じている」

と思い直し、自分に言い聞かせます。叱る代わりに、

「あなたはどうしたいの？」

と質問したり、子どもに「強み」を伝えたりするのです。その瞬間、しあわせトライアングルの世界に戻り、《救済者》の私は《コーチ》に変わります。


このように、誰でもふたつの世界を行き来します。ただ、しあわせトライアングルの世界にいる時間が長い人は、ふたつのことが違います。

- どろどろトライアングルに陥ったとき、自分がそこにいると自覚できる。
- しあわせトライアングルに戻る方法を知っている。

その「クリエイタースイッチ」を入れる方法は、次項から詳しく紹介します。

もしかしたら、またすぐに「犠牲者マインド」に逆戻りすることもあるでしょう。

でも、問題ありません。

「あ、またどろどろトライアングルにいるな」

と察知し、しあわせトライアングルの世界に戻ればいいだけです。そして、トータルでしあわせトライアングルの世界にいる時間が長かったら最高です。

どろどろトライアングルを、しあわせトライアングルにひっくり返す方法はたくさんあって、きちんと学ぼうと思ったらものすごく時間がかかります。私の「ポジティブ心理学コーチングの講座」では、６カ月かけます。

あまりにもボリュームが多いので、ここでは誰でも今日からすぐに実践できて、効果の出やすいものをいくつか紹介していきます。

自分がどろどろトライアングルに陥っていて、「犠牲者マインド」になっているなと気づいたときにまずやることは、**「自分はどう生きるかを決めること」**です。

「自分は《犠牲者》ではなく、今から《クリエイター》として生きる」と決意しましょう。すべてはそこから始まります。

さあ、準備はいいですか？

あなたは今から《クリエイター》へと変わっていきますよ。

図 10　切り替えスイッチを知っておこう

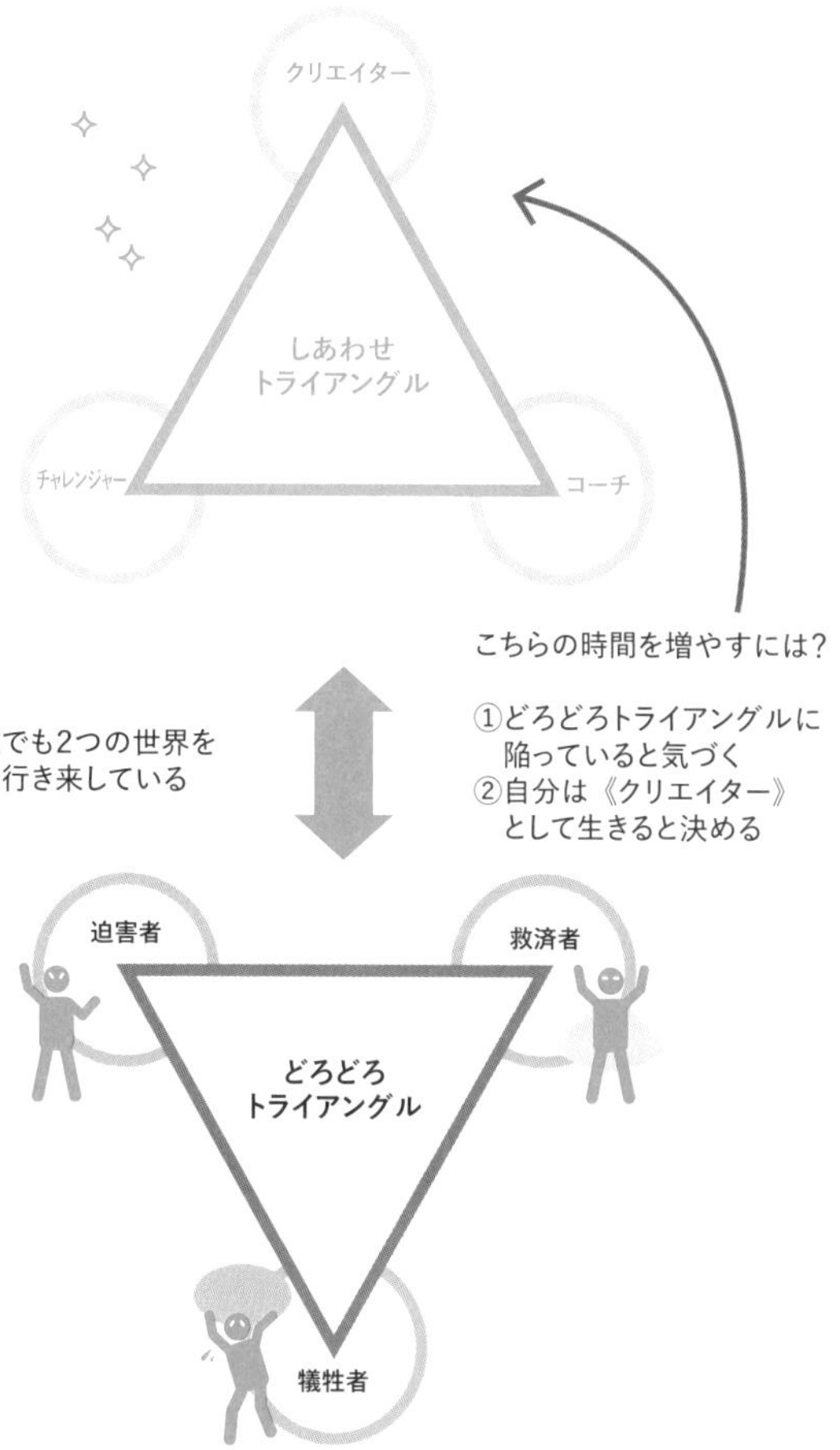
クリエイター
しあわせ
トライアングル
チャレンジャー
コーチ
こちらの時間を増やすには?
①どろどろトライアングルに
陥っていると気づく
②自分は《クリエイター》
として生きると決める
誰でも2つの世界を
行き来している
迫害者
救済者
どろどろ
トライアングル
犠牲者

欲しいものを明確にして先取りしよう

理想の未来をイメージする

「《クリエイター》に変わる」と決めたら、次は、**理想の状態を明確にする**のが重要。

《犠牲者》と《クリエイター》のいちばんの違いは、フォーカスするものの違いです。

《犠牲者》は「何が欲しくないか」を、《クリエイター》は「何が欲しいか」を考えています。

今から、フォーカスするものをチェンジしていきましょう。「クリエイタースイッチ」をいちばん入れやすい方法は、「自分の理想の状態」を考えること。

あなたはどのような自分になれたら最高ですか？　ここでは、

「かなわなかったらどうしよう」

「こんなの無理に決まっている」

「誰かに聞かれたら恥ずかしい」

などの心配は一切不要です。誰かに知られる心配もありません。ですから、どんな壮大な夢でも破天荒な理想でも、逆にどんな小さなことでもいいのです。

願ったことがすべてかなった場合を想定して、思いつくままに考えてみましょう。

そして、その姿を鮮明に思い浮かべてみましょう。

たとえば5年後、あなたはどのような生活をしているでしょう。

「どの国で、どのような家に暮らしていますか。どんな服、髪型をしているでしょう。どこに買い物に行く？　どのような仕事をしている？　そのとき家族はどのようになっていますか？　休みの日は？　趣味は？」

など細かいところまで考えてみましょう。

ポイントは、時間やお金などに縛られないで、無制限に描くことです。

- すべてがうまくいっていたら？

- 絶対失敗しないとわかっていたら？

- お金や時間の制限などが何もなかったら？
- もし手元に1億円あったら？

などの質問が役立ちます。

また、雑誌で「こうなりたいな」という憧れのスタイルを見つけたら、ぜひ切り抜いて、ノートに貼っておきましょう。街で「こんな家に住みたいな」「こんなカフェを自分で経営してみたいな」と気になる風景は写真に収めておきましょう。

可視化することで、イメージが具体的になります。

それを見えるところに置いておくことで忘れないでいられます。

脳は「妄想」と「現実」の区別がつかないので、思い描いた夢も現実としてとらえるのです。理想をまるで本当に起こったかのように錯覚し、脳から幸福な気分になるホルモンが分泌されます。

また、最高の自分を思い描くことで、

「そのゴールにたどり着くには、今、何をすればいいか?」

を、脳が自然に逆算してくれます。まさに、**未来から時間が流れてくる**のです。

かなうか、かなわないかは、ここでは問題ではありません。それをかなえるスキルやキャリアを持ち合わせているかを心配する必要もありません。**「最高の自分」**を何度も繰り返し思い描いているうちに、脳が「最高の自分＝現実の自分」と認識し、「それが本当にかなうのだ」と思えるようになります。

自然と自信がついてきて、それに近づくためのエネルギーが湧いて行動につながります。それはスキルやキャリアを超える力があります。

理想の未来を口に出して言う

少し難しいかもしれませんが、理想の未来が明確になったら、ぜひそれを口に出して世に放ちましょう。

「願い事は口に出すとかなわない」と言う人もいますが、「願いは口に出してこそかなう」と私は思っています。

「本を出したいなあ」

「年商１億円いきたいな」

「ポジティブ心理学のカードをつくりたいな」

という私の願いは、自分の心の中だけで願っていたときにはかないませんでしたが、口に出した途端に現実となりました。

「みんなの前で宣言してしまったから、かなえないといけない」というプレッシャーは不要です。《クリエイター》になると、世界が味方してくれて、なりたい未来に自然に近づいていきます。

ぜひ勇気を出して、人に話すなどしてシェアしてくださいね。

理想の未来を先取りする

理想の状態を思い描いたら、そうなったつもりでふるまいましょう。

「理想の先取り」です。

私はコロナ禍に世界を自由に旅している人たちを見るたびに、心がモヤモヤしていました。自分もやりたかったのです。モヤモヤには、自分が本当にしたいことが隠れています。そこで、

「よし、来年は私も世界を旅しよう。それもビジネスクラスで！」

と決めました。ただ、当時は経済的にも時間的にも余裕がありません。ところが、

「どこに行こう、いつ行こう、どの航空会社にしよう」

と具体的に考えていくうちに、以前貯めていた家族4人分のマイレージがあることを思い出したのです。また、奇跡的に時間もできて飛行機の予約も取れました。そして、念願のビジネスクラスで旅ができたのです。

その後、仕事がとても順調に進み、金銭的にも時間的にも余裕が出てきて、思いどおりに計画でき、ビジネスクラスで旅行ができる環境が整っていきました。

結局、ガン治療を始めるまでの14カ月間に、ハワイ、パリ、ドバイをはじめ、実に10カ国37都市を旅することができました。

このように、**自分の理想を思い描き、できることからやって夢のかけらを先取りしていくと、そこからは現実の世界がぐんぐん好転しはじめます。**これは私だけでなく、誰にでもできることです。

「英語がしゃべれるようになりたい!」

と思ったら、まずはネイティブのスピーキングパートナーを見つけるところから始めるといいでしょう。

「今よりもっと広い家で、自分の好きなものに囲まれた生活がしたい！」と思ったら、まずは理想の家で使いたいグラスを買うところから始めましょう。手にするだけでワクワクするようなグラスでドリンクを飲みながら、実際に、広い家に住んでそのグラスを手にしている未来の自分の姿を細かく思い描いてみるのです。

「ちょっと高価で手が届かないな……でも欲しい！」というブランドバッグを見つけたら、まずは同じブランドで欲しいバッグと同じ生地でできたパスケースなどの小物を買ってみましょう。そのうち、バッグも買える現実がやってきます。

ここでのポイントは、理想に向かってがむしゃらに努力しないこと。
我慢も、忍耐も、血のにじむようながんばりも必要ありません。
ただ、理想の未来を詳細に思い描いて、その未来を小さく先取りするだけです。

「ないもの」より「あるもの」に注目すると…

犠牲者マインドだと、つい「ない」ものばかりにフォーカスしがちです。「お金がない、運がない、出会いがない、才能がない、勉強ができない、親に恵まれていない」――そう言って、「それは○○のせいだ」と、誰か・何かのせいにするのです。

これからは、少し目線を変えて、**「今、自分が持っているもの、あるもの」に注目しましょう。「ない」ではなく、「ある」にフォーカスするのです。**小さなことでかまいません。

「家がある」

「家族がいる」

「なんでも話せる友達がいる」

家があるなんて当たり前すぎると思うかもしれませんが、世界には定住する家がない人たちはたくさんいます。雨風をしのげる家に住んでいられるのはとてもありがたいことなのです。

また、**感謝していること、ありがたいことを考えてみる**のもいいです。

「犠牲者マインド」の人の脳は、悪いことやイヤなことなどマイナスのことを優先してスキャンする傾向があります。これからは**意識して、いいことや嬉しいことなどプラスのことをスキャンする**ように切り替えていきましょう。

未来の理想の話をすると、

「目の前のことで忙しくて、理想の未来を描けない」

「どんな未来がいいのか、思い浮かばない」

と言う人がけっこういます。

そのような場合は、「今あるもの」をていねいに見つけていきましょう。

「今の私には、あれが足りない、これも足りない」

という欠乏欲求から未来を描くのはなかなか難しく、描けたとしてもかないにくいものです。波動が違いすぎるからです。

なので、今あるものを見つけていくことが重要です。

欲しいものと自分の波動を調整して、同じレベルになるように整えていきましょう。

「よかったこと」を3つ書き出してみよう

毎晩寝る前に、今日あったいいこと、「やった！」「嬉しい！」と気持ちが動いた出来事を3つ書き出してみましょう。

- 車で信号に一度もひっかからなかった
- 今日は肌の調子がいい気がする
- コンビニで買いたかったものが最後の1個で買えた
- 上司にほめられた
- 夕食がおいしくできた

「犠牲者マインド」の人は、
「自分の人生は悪いことばかり起こっている」
「ほら、こんな悪いことがあった」

「また、こんなイヤなことが起こった」

と思っているフシがあります。ネガティブなフィルターでものを見るクセがついているので、その視点を変えるのがこの方法です。


「でも、いいことが何ひとつないときはどうするのですか？」

という質問を受けることがあります。そのときは、

「ちょっとマシだったこと」

「まあまあなこと」

「これならもう1回あってもいいかな」

と思えるような、**ベストでなくベターなことを探してみましょう。**

「お化粧のノリが昨日よりはちょっといいかな」

「昨日よりは少し暖かくなって過ごしやすいな」

「昨日は雨だったけど、今日は雨が上がったからちょっとよかったな」

このワークの目的は、脳がいいことを探してスキャンを始めることです。

いつも悪いことばかりスキャンしていた脳のモードを切り替えてあげるのです。

これを続けるうちに、自然と「今、あるもの」がわかるようになり、「もっとこうしたい」「こうなりたい」という未来にあるものを描けるようになります。

ネガティブな気持ちを認めてあげる

《犠牲者》が《クリエイター》になるために必要なことのひとつに、**「自分のネガティブな気持ちを認めてあげる」**があります。ネガティブな感情を悪く評価せず、そのまま受け止めてあげるのです。

「ネガティブな気持ちを持ってはいけない」

と考えてしまう人がいます。つい「ポジティブはプラスでネガティブはマイナス」ととらえてしまうのです。だから、ネガティブなことを考えたとき、

「そんなこと、ないない」

「ネガティブな気持ちなんか抱いていない」

と打ち消し、ネガティブな感情の存在を否定し、なんとか解決しようとします。

「ネガティブなことを考える自分はダメなんだ」

と思うこともありますが、ネガティブな気持ちは別に悪いことではありません。

ネガティブになることにも、じつは意味があるのです。

- **恐れや不安を覚えるから危機管理能力が高まり、大きなトラブルを回避できる。**
- **悲しいときに、立ち止まって考えることができる。**

怒りが行動のエネルギーになる場合もあるでしょう。「ダメだなあ」と反省することで、初心に立ち返ったり謙虚な気持ちになれたりもします。ネガティブな感情を知っている人のほうが、人に優しくなれますよね。


だから、もし**ネガティブな気持ちになったら、自分を責めるのではなく、**

「ああ、自分は今、ネガティブな気持ちを抱いているな」

としっかり味わってあげましょう。


それができたら、次に「セルフコンパッション」をしましょう。これは、自分へのげるのです。

思いやりという意味です。大切な人を思いやるのと同じように、自分を思いやってあ

まずは、ネガティブな気持ちをそのまま受け入れ、

「ネガティブな感情は誰にでもある。だから人ともつながっているのだ」

と考えます。いつもポジティブな人などいませんから。

次に、自分に対して、

「何をしてあげたら元気になるだろう」

「どんな言葉をかけたら嬉しいだろう」

「どんなことがあったら、もうちょっとがんばろうと思えるだろう」

と考え、それらを書き出してみましょう。

そして、その中からいくつか選んで、やさしい行動を自分にしてあげましょう。

（詳しい方法については、拙著『お母さんの自己肯定感を高める本』第3章を参照してください）

「弱み」より「強み」にフォーカス！

「弱み」のそばには必ず「強み」がある

《犠牲者》と《クリエイター》の違いは、
「自分は弱みばかりで、いいところがない」と思っているか、
「自分には強みがあり、課題を乗り越えられる」と思っているか、です。

つまり、「強み」を見つけることが、《クリエイター》への近道とも言えるのです。
ぜひ、自分の「強み」を見つけましょう。

日本人は、自分の「強み」を見つけるのが苦手なようです。というのも、日本の教育では、足りないところを見つけて伸ばす「ギャップアプローチ」が主流だからです。

「自分の欠点ならいっぱいわかるけれど、強みなんてわからない」という方もいるでしょう。そのようなときは、**「リフレーミング」という方法を使ってみてください。これは、ものの見方の枠組み（フレーム）を一度取り払って、別の枠組みを当てはめること。**

角度を少し変えてみると、一見悪いように思える特徴も「強み」になっていきます。

- 頑固、融通がきかない　↓　芯が強い、自分がある、ブレない、芯が通っている
- 変わっている　↓　クリエイティブ、自分を持っている
- 優柔不断　↓　柔軟に対応できる、臨機応変
- 落ち着きがない　↓　好奇心が旺盛

ネガティブなフィルターでものを見ていると、悪いことや弱点と思えることも、リフレーミングすると、すべて愛すべき特性になるのです。

それでも自分の「強み」が思い浮かばないときは、誰かに聞いてみるのもいいでしょう。自分が当たり前だと思って見過ごしていることが、じつは「お宝」であることはよくあります。

「強み」がすぐにわかるグラフをつくる

自分の「強み」を見つけるのは簡単なことではありません。時間があればぜひ「性格の強み調査」をやってみましょう。

これは、ポジティブ心理学の研究者が科学的データに基づいてつくり上げたものです。世界中で大切にされている価値観を調べ、その中からどの文化にも共通して尊敬される24の性格の「強み」をピックアップしました。質問に答えると、自分の性格の「強み」がわかります。（詳しくは、https://lifebalanceny.org/645 をご覧ください）

私は創造性、大局観、好奇心、親切心などが高く表れました。自分では創造性が高いとは思ってもいなかったので驚きました。そこで、そのあと創造性を意識して、「講座をつくる」などのクリエイティブな仕事を積極的に行い、ほかはなるべく外注するようにしたところ、仕事にやりがいを感じられるようになったのです。仕事の幅もどんどん広がっていきました。

図 11 「性格の強み調査」で人生グラフをつくってみる

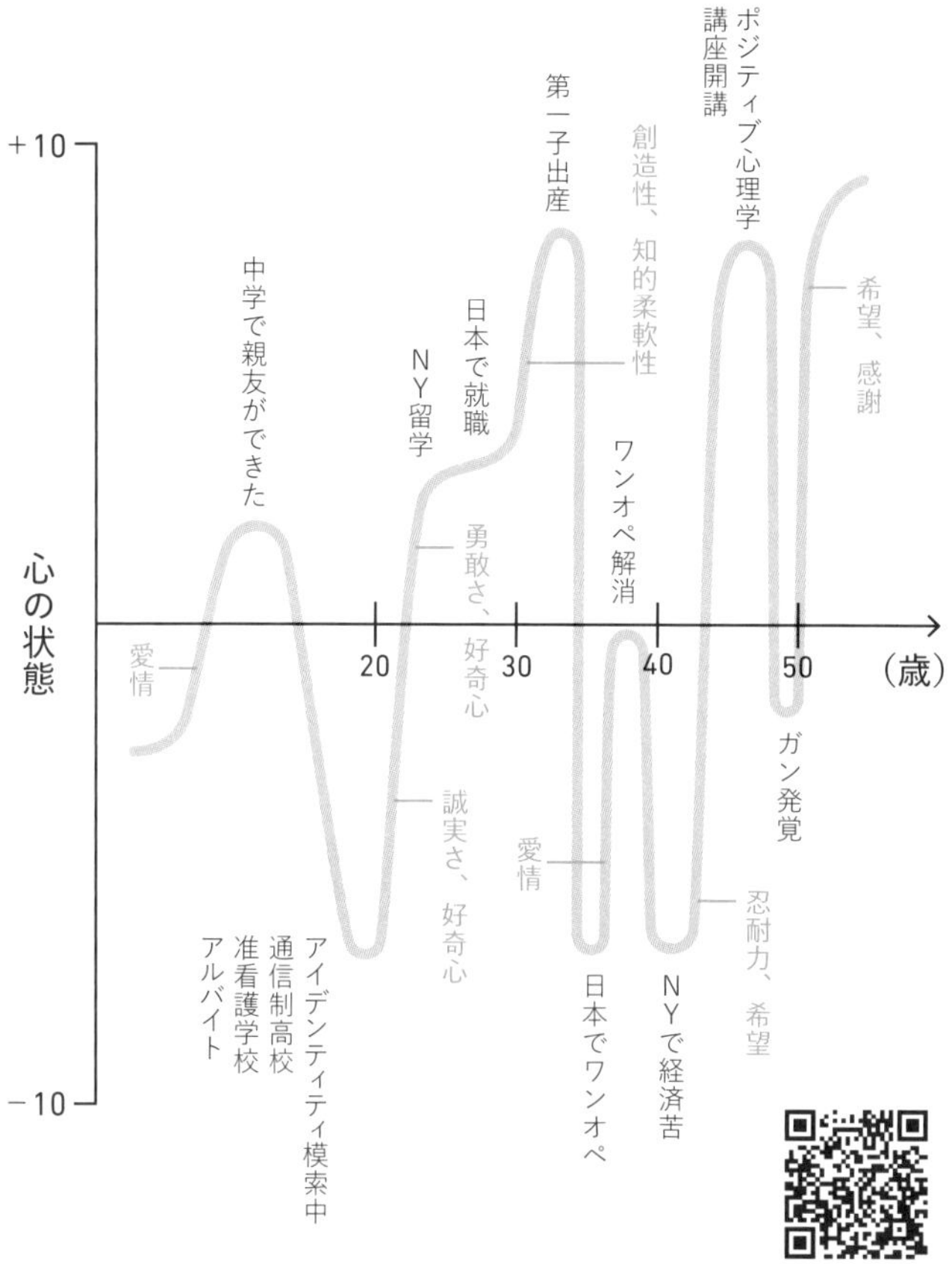

▲性格の強み調査はこちらから

このように、自分の「強み」を使うことで生産性が高まり、人との関係性もよくなります。そして、なにより幸せを感じます。《クリエイター》のポケットに入れておきたいツールです。ぜひ、あなたの「強み」トップ7を書き出してみてください。

前頁の図11は「性格の強み調査」の結果を使ってつくった「人生グラフ」のサンプルです。横軸が生まれてからの時間、縦軸がそのときの幸福度。

あなたも、気持ち的によかった、楽しかった（過去の成功）などプラスの感情だったときは上向きに、つらかった、苦しかった（過去の逆境）などマイナスの感情が主だったときは下向きにグラフをつくってみましょう。

そして、まず山の部分。そのときなぜうまくいっていたのか、どの「強み」をどう使っていたのかを考えてみます。次に谷の後の部分。つらい境遇をなぜ乗り越えられたのか、どの「強み」をどう使っていたのかを考えてみます。

逆境のときは、それを乗り越えるのに必要な「強み」が成長し、24の「強み」がいつもあなたの中にあって、必要なときに力になってくれます。

物事のプラス面をあえて考えよう

過去は変えられないがその意味は変えられる

何度も言いますが、**世の中の事象はすべて「見方」で変わります。**

たとえば、仕事でミスをして上司に怒られたとき、

「うわっ、上司に怒られた。今日は悪い日だ。運が悪い」

と思う人もいれば、

「ミスしたけど大事に至らなくてよかった。これをいい経験として明日に生かそう」

と思う人もいます。

どちらも同じ出来事ですが、とらえ方でその先の未来の出来事が変わってきます。

私が大学で働いていたとき、ちょっと意地悪な事務局の人がいました。たびたびイヤな目にあっていて、

「イヤだな。なんで私ばかりこんな目にあうのだろう」

と思っていました。どろどろトライアングルで言えば、私が《犠牲者》で事務局の人は《迫害者》です。

でも、今思えば、その人がいたから私は大学を辞める決心がつきました。そして、今は大学で働いていたときよりも幸せな日々を過ごしています。だから、その人は私に大切な決断を迫って成長させてくれた人でもあったわけです。

ガンになったときもそうです。

「なんで私がこんな目にあわなければいけないのだろう」

「病気にならなければ、こんなこともあんなこともできたのに」

とマイナス面だけを考えていたら、私が《犠牲者》、病気は《迫害者》です。

しかし、病気になったから家族や友達のありがたみがわかったとも言えます。みんなが心配してお見舞いに来てくれたり、料理を運んでくれたりしました。

「自分のまわりには、こんなにも私のことを考えてくれる人がいるのだ」

と再認識できました。ガンにかかってよかったと、私は本当に思っています。

マイナスの状況に陥ったとき、自分は本当は何をしたいのか、何を大事にしたいのかの優先順位が見えたり、健康や周りの人のありがたみを再認識することもあるでしょう。そう思えたとき、どろどろトライアングルから抜け出すことができます。

「病気のせいで」というマイナスの感情から、「病気のおかげで」というプラスの感情に変わります。「〜のおかげ」ととらえられれば、すべてが自分にプラスになり、そのことに意味が生まれます。

《迫害者》を、その人がいたから（そのことがあったから）よかった、という視点で、これまでマイナスだと思ってきた出来事を書き出してみましょう。

これは、「ベネフィットファインディング」と呼ばれるスキルです。

ある調査で、ベネフィットファインディングをする人はPTSD（心的外傷後ストレス障害、トラウマ）になりにくいということがわかっています。

たとえば、心臓発作で死にそうになったなど、すごくつらいことを経験したあとに、PTSDになる人とならない人の違いを調べたところ、

「心臓発作を起こしたおかげで、私にはこんないいことがあった」

と、早い時期に少しでもいいことを見つけられた人は、心臓発作がトラウマにならず、再発率も死亡率も低かったというのです。

コロナや夫婦の不仲、子どもとの対立、嫁姑問題、ママ友との問題など、イヤだなと思う関係を、あえて、

「でも、それがあってよかったことがあったとしたら?」

「自分の人生、悪かったことばかりではないな」

「じつは、よかったこともあったのかも」

と考えてみてください。


この考え方は、《犠牲者》が《クリエイター》になるのに、とてもいい方法です。

たとえば、コロナでイヤなことがたくさんありましたね。でも、あえてよかったと思えることを考えてみましょう。

- 気乗りしない会合に出る必要がなくなった
- リモートワークが正当化された

- 毎朝、満員電車に乗らなくてよくなった
- 毎日、着る服に悩む必要がなくなった
- 外食やイベントがなくなりお金を使わなくなった

このように、自分や周囲、世界や社会の幸せな成長につながることを、思いつくままにどんどん書き出していくのです。

時間は「未来」から流れてくる

私たちは、**時間は**過去から現在、現在から未来へ流れていると考えています。でも、実際には**未来から現在に向かってやってくる**のです。

何か悪いことがあると、つい過去にさかのぼって原因を探そうとします。これを、

「今起きていることは、よりよい未来のために必要だから起きている」

と考えてみましょう。そうとらえると、何か事が起きたとき、

「これは、未来の何の役に立つのだろう？」

と前向きに考えることができます。

私もガンを告知されたとき、こう思いました。

「今はわからないけれど、きっとこれを乗り越えたときに『ガンのおかげでこういうすごいことが起きたのだ』と、きっと感謝できる未来が来るだろう」

〝この出来事〟から何を学ぼうかと考え、自分で決めたのです。

「願えばかなう」という引き寄せの法則がありますが、私はむしろ、**自分が引き寄せるのではなく、自分が未来に引き寄せられる**、と考えています。

今あるものを見て感謝した上で、

「あなたはどうなりたい？」

「あなたの理想は何？」

「どこに行きたい？」

「この問題がどうなったらいい？」

そう思い描くほど、その未来に引っ張られていくというわけです。スピリチュアル的には、「波動が一致する」と言えます。

環境も《クリエイター》に変えてくれる

ここまで、自分のマインドが《クリエイター》に変わるためのスイッチを紹介してきましたが、じつは自分が行動を起こさなくても、環境が変わることによって《犠牲者》から《クリエイター》になることがあります。

たとえば、私は日本では、

「変わった子」「ダメな子」

と言われることが多かったのです。おそらく、日本の「みんなと同じ」からはずれていたからでしょう。ほかの子と違うことをする子は、

「変わっている」

というレッテルを貼られ、私もそれがわかっていたので、

「私はダメなんだ」

と思っているところがありました。

ところがニューヨークに行ったら、同じことをしてもみんなが「すごい！」とほめてくれたのです。自分の意見を持っていることを「強み」として見てくれる環境に移ったことで、自分は何も変わらないのに、ほめられるようになったのです。

そのことがきっかけで、

「自分はこのままでいいのだ」

と思えるようにもなりました。

「犠牲者マインド」から「クリエイターマインド」に変わることができたのです。

もし、今の状況に煮詰まっているとか、どんなことをしても状況が変わらないとかいう場合は、思い切って環境を変えてみるのもひとつの方法です。

「犠牲者マインド」に逆戻りしても大丈夫

ここまで、「クリエイターマインド」になるための方法をいろいろと紹介してきましたが、ずっと「犠牲者マインド」だった人が「クリエイターマインド」に切り替わるには、少し時間がかかるかもしれません。

切り替わったはずが逆戻りしてしまうこともあります。そのようなとき、「やっぱり私はできないんだ、無理なんだ」と自分を責めたり、落ち込んだりする必要はありません。だって人間だもの。急にできなくて当たり前です。仕切り直しをすればいいだけです。

「またふりだしに戻ってしまった」
と嘆く人がいるかもしれませんが、そんな必要はありません。横から見ると、らせんを描くように少しずつ上昇しているのです。

うまくいかないなと思ったときには、先に紹介した「クリエイタースイッチ」を思い出して、ひとつでもやってみてください。（195頁も参照）

「そういえば、私ってどうなりたいんだっけ？」

「何が欲しいんだっけ？」

「何が強みなんだっけ？」

「あえて、よかったと思えることは？」

と思い返してみるのです。それを繰り返すうちに、少しずつ「クリエイターマインド」に切り替われるようになります。

第6章

《救済者》から《コーチ》へ変わろう！

《救済者》は《コーチ》に生まれ変われる

悩んでいる人の多くは、《救済者》と《犠牲者》の間を行ったり来たりしていることが多いものです。

「私ががんばらなきゃ！」

と一生懸命やっているのに、なぜか成果が出ない。

「こんなにやっているのに、うまくいかない……」

と悩んだり、無力感に襲われたり、怒りを覚えたりしてしまいがちです。

この章では、そんな状況から抜け出し、相手も自分もハッピーに過ごすための方法を紹介します。

自分は人のことを助けてばかりいて、それが逆に相手の力を奪ってしまっている。

つまり、自分ががんばっている割に、相手に思うような成果が上がっていない場合には、どろどろトライアングルに入り込んでいる可能性が高いのです。あなたは《救済者》になっています。

そのような場合こそ、《コーチ》になろうと意識してみましょう。

これには、ふたつのステップがあります。

❶まず自分が《クリエイター》になって、しあわせトライアングルのメンバーになる。

他人を助ける前に、自分を満たすことから始めましょう。

❷《犠牲者》に対して、《救済者》ではなく《コーチ》としてかかわる。

相手を《犠牲者》のままでいさせるのではなく、《クリエイター》になることを支援するのです。

では、具体的にどのようなことをすればいいのか。次項から詳しく見ていきます。

まずは自分を満たすことから始めよう

まずは自分を幸せにしてあげる

悩んでいるとき、自分の立場をどろどろトライアングルに当てはめて、「今、自分は《救済者》になっているな」と思ったら、ぜひ自分を満たしてあげてください。これはいちばん大切なことです。

《救済者》になりやすい人は、無意識に誰かを助けることで幸せを得ようとしています。それをやめて、心地いいことや好きなことをして幸福感をつくり出し、自分を満たしてあげるのです。

何をしていいのかわからなかったら、次のようなことがヒントになるでしょう。

❶休む、嫌なことを手放す

《救済者》は、燃え尽きていることが多いです。人の世話をしすぎて、気づかないうちに疲れ果てているのかもしれません。まずは体を休めてあげることから始めます。

次に、我慢していることはどんどん手放しましょう。自分をベストフレンドだと思って、どうしてあげるのがいちばんいいかを考えてみるのです。

長期休暇を取ると、収入を得ることよりも幸福感を得られ、嫌いな家事を外注すると、給料が18000ドル（約270～280万円）アップするのと同じくらい幸福感が高まると言われています。

罪悪感を感じず体を休め、苦手なことやイヤなことを手放しましょう。

❷五感を満たす

自分を満たすときに手っ取り早いのが、五感を満たすこと。難しいことを考えないで、五感を満たしてあげることをしてみましょう。

聴覚：家事をしながら、大好きな音楽を聴いてみる。
嗅覚：寝るときやリラックスするとき、好きな香りのアロマをディフューズしてみる。
視覚：美しいもので目を楽しませる。部屋に好きな花やアートを飾ったり、お気に入りの食器で揃えたりする。

味覚：旬のおいしいものや自分の好物を思いっきり味わう。

触覚：肌触りのいいシーツに取り替えたり、マッサージを受けたりなど、皮膚感覚が気持ちよくなることをする。

❸自分の「夢中」を再発見する

ジョギング、テニス、ゴルフなどのスポーツ、料理や趣味、学びなど、人は何かに没頭していると時間を忘れてしまいますね。仲のいい友達と話をしていたとき、「あら、もうこんな時間！」と気づくこともそうです。

そういう体験のことを、心理学では「フロー体験」と言います。このフロー体験をしている状態が多いほど、人は前向きに元気に生きられると言われています。

それをぜひ見つけてほしいのです。人を助けることではなく、自分が何かをしてワクワクする時間を増やしていきましょう。

人の幸せは、遺伝や環境より「今日何をするか」に影響されます。そのときそのときで「自分が楽しめること」「ワクワクすること」を選ぶことこそが幸せへの近道。

これを心理学用語では「ポジティビティプライオリティ」と言います。

今、興味があることをまずやってみましょう。また、過去に楽しんだことを思い出して、それをまたやってみるのもおすすめです。

「クリエイタースイッチ」を入れよう

しあわせトライアングルでは、《コーチ》自身も《クリエイター》であることが必要です。前章で説明した「クリエイタースイッチ」をONにしてください。

- 理想の未来を描いて、放って、先取りする
- 3つのいいことを書き出す
- 今「あるもの」を見る
- 自分の「強み」を知り、それを利用する
- ベネフィットファインディングをする

人の世話より、自分の世話。これが《救済者》になりやすい人に大切なことです。

自己犠牲は、《救済者》とどろどろトライアングルの世界へ落ちていくだけですよ。

相手を《クリエイター》として見てみよう

相手を《クリエイター》として信じてあげる

相手を「弱い人」「私がいないとダメな人」と思っているうちは、相手は決して変わりません。相手を、

- **自分できちんと乗り越えられる人**
- **自分の人生を自由自在につくり上げられる《クリエイター》**

と見なし、信じることから始めましょう。

教育心理学に、「ピグマリオン効果」という現象があります。

1964年、アメリカサンフランシスコの小学校で「ハーバード式突発性学習能力予測テスト」というテストが行われました（でも、実際にはただのテストでした）。

その後、テストの成績にはまったく関係なく、ランダムに選ばれた子どもたちのリストを担任の先生に渡し、

「彼らはとてもＩＱが高い生徒たちです。成績が伸びるでしょう」

と伝えました。すると、彼らは本当に成績がアップしたのです。

成績向上の理由は、担任の先生が、

「この子たちはＩＱが高いから成績が伸びる」

と期待して接したからだと言われています。

人は無意識のうちに、自分が見られている役を演じるところがあるのですね。

これと同じで、

「あなたは《クリエイター》です。自分できちんと乗り越えられる人なのです」

という目で見ていると、相手はそれに応じて変わっていきます。本人も、

「自分は自分の道を切り拓く《クリエイター》なのだ」

と信じることができるのです。

度を過ぎたおせっかいは禁物

《救済者》がやりがちなことのひとつに、《犠牲者》の問題を自分の問題としてとらえることがあります。

《救済者》は相手の幸せを願うあまり、つい先回りをして考えがちです。

「この人が失敗をする前に、予防してあげよう」

「不幸にならないように、不幸を引き起こしそうな芽を早めに摘んでおこう」

とするのです。

でも、これは知らず知らずのうちに《犠牲者》の人生を乗っ取る行為にほかなりません。自分の人生と《犠牲者》の人生を混同しているのです。

忘れないでほしいのは、《犠牲者》の人生は《犠牲者》のもの。あなたの人生ではありません。問題がうまくいかなかったとき、困るのはあなたではなく《犠牲者》のほうです。

困る結果を経験することは、本当はその相手にとっていい経験になるかもしれないし、成長に必要なことかもしれません。

相手に起きた課題は、すべて相手の成長に必要なもの。あなたの課題ではないので、奪わないようにしましょう。

「相手を《クリエイター》として見る」ということは、「他人は他人、自分は自分」ときっちり分けて考えることとも言えます。つまり、「課題の分離」です。

それは、自分や他人に降りかかる問題に対しても同じです。何にでも首を突っ込んで、代わりに解決しようとしないこと。よかれと思ってやっているのだと思いますが、必ずしも相手のためになることばかりではありません。

「相手を《クリエイター》として見る」ということは、具体的に言うと、「相手を、強みやリソースにあふれた存在だと見る」ということなのです。

相手にすでに「あるもの」を聞いてみよう

「何かいいことあった？」と聞いてみよう

「最近、何かいいことあった？」（What's good?）**と聞いてあげることは、相手が《クリエイター》になるいいきっかけになります。**

《犠牲者》は、この世の中は問題ばかり、悪いことばかりだと思っているので、あえていいことを聞いてあげるのです。

最初、《犠牲者》にはいいことを考える回路がないので、驚かれたり沈黙されたりするかもしれません。でも大丈夫。問いかけた瞬間から、いいことを考える回路が動き始めています。

私はコーチングにもこの方法を用いています。セッションの終わりに必ず、

「次に来るときまでに、ちょっとだけいいことを探してきて、教えてくださいね」

と伝えます。また、次のように言うこともあります。

「今日話していただいた悩みや問題が起きなかったときを探してきてくださいね」

その人が次に来たときはたいてい、

「どうですか？」

とたずねる前に、自分から話し始めます。

「こんないいことがあったんです！」


そして不思議なことに、あれほど気にやんでいた問題を忘れています。私が、

「そういえば、1回目で話をしていた問題はどうなりました？」

と聞くと、

「あ！（とはじめて思い出した顔をしたあと）、あれはもう大丈夫です」

という答えが返ってくることがほとんどです。いいこと探しをして、いいことをスキャンする脳に切り替わると、自然と問題が解決してしまうのです。

家に帰ったら元に戻ってしまうこともあるので、念のため最低3回は来てもらってセッションは終了します。しかし、悩みの多くは2回目で消えています。

「また、何かあったら来てくださいね」

とお伝えしますが、ほとんど来ません。このように、一度いいことをスキャンする脳に切り替わると、そのモードは定着していきます。

大学では学生を早く日常生活に戻したくて、ここで終わっていましたが、コーチングならここから本当のテーマ（夢やゴール）に取り組めますね。

アレンジバージョンとしては、悩みや問題を相談されたときに、

「いちばん最近で、その問題がうまくいったときはありますか？」

「（コーチングを）予約してから今日までに、何か変化はありましたか？」

「前回の講座から今日までで、よかったことは？」

などをたずねるのもいいでしょう。このように、「あるもの」にフォーカスする質問は有効です。

相手のいいニュースに喜んで興味を持とう

相手がいいことを話してくれたときこそ、じつは《犠牲者》と《迫害者》の関係を改善する絶好のチャンスです。

相手のいいニュースに関心を持って一緒に喜ぶ「建設的積極的傾聴」（ACR）というコミュニケーションスキルを使うと、人との関係がとてもよくなります。

《犠牲者》は、何か問題がないと人は自分のことを見てくれないと思っているところがあります。ですが、このACRの傾聴を続けるうちに、

「自分にいいことがあっても人は離れていかない」

と気づくようになり、

「いいことを一緒に喜んでくれる人もいるのだ」

ということもわかるようになります。

こうして、どんどん悪いことを見るクセがなくなっていきます。

ある受講生さんが、こんな報告をしてくれました。

Fさんは、ふたりの子どもの育児と仕事で日々奮闘しています。本当は親からの支援も受けたいのですが、お母さんは会うといつも文句ばかり。

「近所の○○さんが、こんなイヤなことをしたのよ」

「お父さんったらね、まったくだらしがないのよ。昨日もね……」

「お父さんの会社の業績が悪くてね、本当に困っちゃうわ」

といつも愚痴を言うのです。Fさんはそれを聞くのがつらくて、お母さんに会うのがイヤになってしまいました。たまに手伝いに来てもらっても、

「孫の面倒は本当に面倒だわ。自分の時間もなくなってしまうし……」

「私があなたを育てたころは、誰も手伝ってくれなかったわ」

「今の育児は、紙おむつとか便利な道具があるからラクでいいわよね。昔はね……」

「3人目なんて絶対に産まないでちょうだいよ」

はじめは手伝ってもらっている立場なので、何か言われても黙っていたのですが、産後のホルモンバランスの乱れに加えて、慣れない育児で気が立っていたFさんは、

あるとき、我慢の限界に来ました。

「そんなこと言わないでよ！　私だってひとりでがんばっているんだから。子育てにラクなんてないわよ。昔と今を比べても何の意味もないでしょ。自分の孫なんだから、文句を言わず少しはかわいがってよ！」

と怒鳴ってしまいました。すると、お母さんは、

「私だって、ここまであなたたちを育てるのに、どれだけ苦労したか。それをまたなんで孫の世話をしているのに、怒られなきゃいけないのよ！」

と言い返し、険悪な雰囲気に。Fさんは、ふと昔のことを思い出しました。

「そういえば、お母さんはいつもお小言をぐちぐち言う人だった。どうせ私のことなんか助けるつもりがないんだ」

と腹が立つやら情けないやら。

そんなとき、ポジティブ心理学と出合いました。

「やっぱり母親といい関係を築きたいな」

と思ったFさんは、まず「What's good?」とACRを使ってみることにしました。

お母さんと会うときにはいつも、

「最近、なんかいいことあった？　いつでもＬＩＮＥに送ってね」

と言うようにしました。すると、時間がたつにつれてお母さんが、

「今日ね、こんなことがあって……」

とＬＩＮＥを送り返してくれるようになったのです。


その中で、お母さんが韓国の俳優が大好きなことがわかりました。Ｆさんは、とくに韓国俳優に興味はなかったのですが、お母さんと一緒に喜ぶことでいい関係をつくろうと、

「その俳優のどこが好きなのか？」

と聞いたり、好きな俳優が新しいドラマで主演を務めるというニュースを聞いて、

「よかったね～」

と一緒に喜んだりしました。俳優の写真や面白エピソードもシェアするようにしました。それと比例するように、ふたりの距離は縮まり、関係は改善。

お母さんも孫の世話に積極的になっていきました。

「あなたに用事があるときは、いつでも見ていてあげるわよ」

と言ってくれるようになったのです。

もう嫌味を言ったり、嫌がったりすることはまったくありません。さらには、

「3人目はいつ？」

と言うまでになったのです。先日、Ｆさんは地方から東京のランチ会に出席できて嬉しそうでした。

「いつでも母にお願いできるようになったので、身軽に動けるようになりました」

お母さんは、かつては典型的な《犠牲者》でした。

「私は、社会やほかの人のせいで幸せになれない」

と思っていたのです。《犠牲者》は自分にないものばかりをスキャンするくせがついています。

また、**幸せになると人とのつながりがなくなりそうと無意識に恐れています。その呪いを解く最強の方法が、「What's good?」とＡＣＲなのです。**

お母さんも、Fさんと一緒に自分の好きなこと、いいことを積極的に見るうちに、いいことに目を向ける習慣が自然と身につくようになりました。その結果、

「孫の世話が大変で疲れる」

といった子育てのネガティブな面ではなく、

「孫がかわいくてFさんの喜ぶ顔が見られる」

といったポジティブ面に気づくようになりました。また、

「いいことがあって、自分が幸せになっても自分は愛される」

ということを体験できました。

私のミーティング、講座、コーチングの始まりはいつも「What's good?」です。

そしてACRを説明して実践してもらいます。

これだけで、会話はいい雰囲気で盛り上がります。

相手の「マイナス部分」に寄り添ってあげる

ネガティブな気持ちにはまず共感する

人生は、いいこと続きとはいきません。つらいこともあります。それを受け入れられないのが《救済者》です。じつは、《救済者》はネガティブな感情を認められないのです。だから、《犠牲者》がネガティブな感情を抱いたら、

「なんとかそれを解決してあげなきゃ！」

「そんな考え方はよくないよ、こう考えてみようよ」

と一生懸命元気づけようとしたり、ポジティブに転換したりしがちです。

「そんなのたいしたことないよ」

と否定する場合もあるでしょう。

けれど、《犠牲者》は自分の気持ちを認めてもらえないとき、そのネガティブさをわかってもらおうとして、さらにネガティブになります。たとえば子どもが、

「お腹空いた〜」

と言ったとき、親が、

「さっき食べたばっかりでしょ。お腹空いているはずないわよ」

と返したら、子どもはむきになって、

「ううん、お腹空いたもん。お腹空いた空いた〜」

とかえって激しく駄々をこねるのではないでしょうか。そこで親が、

「そうよね。お腹空いたよね。早めにごはんにするからちょっと待っててね」

と言えば、スッとおさまることも多いのです。


また、失恋してつらい気持ちになっている人に、

「失恋なんてつらくない。新しい出会いもあるし、もっといい人と出会えるかもしれない。これから楽しいことがいっぱいだよ。だから大丈夫！」

となぐさめようとすると、本人は、

「いや、やっぱりつらい。全然大丈夫じゃない」

と落ち込んでいくでしょう。相手に自分の気持ちを理解してもらえるまで、どんどん「犠牲者マインド」に落ちていくのです。

だから、ネガティブな感情はしっかり聞いてあげましょう。

「そうなんだ。つらいよね」

「すごくつらかったんですね。大変だったんですね」

と、**共感の気持ちを示しましょう。ネガティブな感情は、受け入れてあげることで、相手の心からスーッと流れ落ちていきます。つらかったことを人にわかってもらえると「犠牲者マインド」はおさまります。**そのあとで自然と、

「じゃあ、次は何ができるかな?」

と考え始めます。そこから徐々に「クリエイターマインド」に入っていくのです。

とてもつらそうなときは「なぜがんばれているの?」

相手が大切なものを失ったり、大きな失敗をしたり、怖い思いや悲しい思いをした

りするなど、共感するだけでは足りないと感じることもあるでしょう。

そのようなときには、「コーピングクエスチョン」「サバイバルクエスチョン」という方法を試してみてください。

「そんなにつらいなか、よく相談してくれたね」

「そんなに大変ななか、よく学校に来たね」

と言ったあとに、

「なぜがんばれているの？」

とたずねるのです。すると、

「自分のことをわかってくれる仲間がいるから」

「最悪の状態よりはまだマシだから」

「もっとつらいときを乗り越えたことがあるから」

など、相手は「ある」に目を向けることができるようになります。

とてもつらいときは、「自分には何もない」と思ってしまいがちですが、このような小さな質問で、相手はふたたび力を取り戻せるのです。

相手の「強み」を聞き出して教えてあげる

「What’s good?」と成功の責任追求

《コーチ》のいちばん大きな役割は、相手が自分の「強み」に気づけるようにすることです。「弱み」ばかりを見ていると《救済者》になりますが、「強み」を見ていくと《コーチ》に変わることができます。とてもシンプルですよね。

相手が「強み」を見えるようにするスキルがあります。それは、よかったことを聞く「What’s good?」に、

「なぜそんないいことがあったの？」

「あなたが何をしたからなの？」

と加えて聞くことです。

私たちは、悪いことがあると、

「なんで、こんなことになってしまったのだろう」

「何が悪かったのだろう」

と原因探しをして自分を責めます。なのに、いいことがあっても、なぜか、

「ラッキー」

ですませてしまうことがとても多く、その大元を探しません。

でも、本当はうまくいったときこそ、その**成功要因を探すことが大事です。**

「そうか、だからうまくいったのだ！」

と自己効力感が高まり、次も同じことをすればうまくいく可能性が高まります。

でも、

「なぜ、そんないいことがあったの？」

と聞かれたことはあまりありませんよね。そう聞かれた相手はきっと、「？」となるでしょう。けれど、その質問が**相手に成功の理由を考えさせるきっかけになる**ことは間違いありません。

ですから、ぜひともたずねてみてください。

以前、大学で研修をしたとき、ある職員が、

「ずっと、仕事が終わらなくて困っているんです」

と悩んでいました。そこで、

「最近、仕事が早く終わったときはありますか？」

と「ある」にフォーカスして聞いたところ、彼はこう答えました。

「そういえば、先週の金曜日は時間通りに終わりました！」

そこで、

「その日はなぜ早く終わったのですか？　あなたは何をしましたか？」

とたずねると、彼はしばらく考え込んで、こう言いました。

「あまりに仕事が終わらないので、前任者に相談に行ったんです。そうしたら、効率のいい方法を教えてくれて……」


つまり、前任者に相談したことで、仕事の効率化がはかれたというわけです。

「では、また仕事が終わらないときには、前任者に相談できますね」

と言うと、彼は納得して、最後はとても晴れやかな顔になりました。

これらは、誰かに聞かれなければ思い出さなかった成功の要因です。このように、**成功した要因を引き出し、うまくいったことは、**

「もう1回やってみましょう」

とすすめてあげることが、《コーチ》の役目でもあるのです。

相手の「強み」を見つけて伝える

《コーチ》は相手の「強み」を見つけたら、それを教えてあげましょう。本人は気づいていないものです。それを知れば自信へとつながっていきます。

私の娘は親の私から見ても、

「ほかの子とちょっと違うなあ。変わっているな」

と思うようなところがあります。たとえば、わざと左右違う色の靴下をはくのです。

そんなときは、

「あなたはクリエイティブね」

と伝えています。娘に「強み」のラベルを貼るのです。

こんなことがありました。

「学校で友達とトラブルになったんだ……」

私は心配になって、ついつい、

「ママがなんとかしてあげようか？　友達のお母さんに話をしてあげようか？」

と言ってしまいました。ところが娘は毅然とした態度でこう答えたのです。

「大丈夫！　だって私はクリエイティブだから。自分で解決できる」

そうだった！　その瞬間、私が《救済者》になっていることに気づきました。娘は《クリエイター》でクリエイティブだから、自分の問題を自分で解決できるのです。娘はそのことを自覚していたので、私は自分の役割を思い出し、何もせずにただ見守ることにしました。

後日、娘は先生に、

「あの子と話し合いたいので、一緒に居てください」

とお願いしたそうです。そして、先生立ち合いのもと、友達とじっくり話し合い、最終的には仲直りできたといいます。とても嬉しそうに話してくれました。

このように、**日頃から相手の「強み」をフィードバックしていると、その人は、「自分には強みがある」と信じ、自分で問題を解決できるようになります。**

もし《犠牲者》になっている人を助けたいと思ったら、相手のいいところや「強み」をどんどん伝えてあげましょう。

代わりに解決してあげるよりも相手のためになります。

性格の「強み」を最大限に活用する

176頁で紹介した「性格の強み調査」でテストをしたあと、次のような質問をすると相手の性格の「強み」が深められます。

〈現在にフォーカスした質問〉

- 性格の「強み」トップ7の結果を見て感じたことは?
- どの「強み」がいちばん自分にしっくりきますか?
- その「強み」を明日から使えなくなったらどんな気持ちですか?

〈過去にフォーカスした質問〉

- その「強み」をこれまでどう使ってきましたか？
- 自分が最高のとき、どの強みをどう使ってきましたか？
- 自分の逆境で、どの強みをどう使ってきましたか？

〈未来にフォーカスした質問〉

- これからその「強み」をどう使いたいですか？
- これからあなたの目標（や仕事など）のためにどの「強み」をどう使えますか？
- 今抱えている問題を乗り越えるには、どの「強み」をどう使えますか？

これらの質問は、テストを受けていない場合でも使えます。《コーチ》であるあなたから見た「強み」を伝えたあと、先の質問をしてみるのです。それによって、《犠牲者》だった人は《クリエイター》に大きく近づくはずです。

相手の未来に耳を傾け一緒に夢を描こう

問題の原因追及より理想の未来を考える

《救済者》が《犠牲者》にやりがちなのが、問題の原因を一緒に考えることです。

「こんなことで困っているんです」

と相談されて、

「なんでそんなことが起こったんでしょうね」

と過去を振り返りながら、原因を探ろうとします。

これはあまり意味がありません。問題はさまざまなことが絡み合って起きるものなので、原因を特定するのはとても難しいのです。

それに、原因がわかったといっても、それが真の原因なのかはわかりませんし、それを取り除けないことも多くあります。親の子育てが悪かったと気づいたとしても、子育てをやり直すことはできませんよね。

このように、**過去の問題の原因を探ることは、どろどろトライアングルから抜け出すのには必要ない**のです。**大事なのは原因を探るのではなく、理想の未来を一緒に考えること。**

この時に大切なのは、「相手」がどうしたいかを聞くこと。たとえば、

「Kさんとの仲がギスギスしていて、うまくいっていないのです」

という相談を受けた場合、《救済者》がやりがちなのが、相手がよいと思うだろうことを先取りし、決めつけて、勝手に事を運ぼうとすることです。この場合で言えば、

「じゃあ、Kさんと仲良くなるためには、どうしたらいいかな？」

と話を進めようとしがちです。

「これがあなたの幸せに違いない」

と決めつけて行き先を考え、それに向けて勝手に支援してしまうのです。

大事なのは、まず相手に、

「あなたはどうしたいの？」

と聞くことです。先の場合なら、

「Kさんとの関係をどうしたいですか？」

です。Kさんと仲直りして、関係を修復することだけが答えではありません。Kさんとの**関係を断ち切って離れるというのもひとつの選択肢です。**相手がそれを望んでいることもあるでしょう。**着地点を本人に決断させる**のです。

「あなたはどうなったらいいと思っているの？」

「どんな状態が理想？」

「その理想がかなったらどんな気持ち？」

「その問題が解決したらどうしたい？」

「どんな人生を送りたい？」

あなたの役目は、**相手に質問しながら理想の状態を明確に引き出す**ことです。興味を持ってワクワクしながら、映画のスクリーンに理想の未来が映し出されるように、足りないところを聞きながら一緒に未来を描いてみましょう。

理想に向かう小さな行動を促進する

理想の行き先が描けたら、その中で今少しでもできることはないか聞いてみます。

医療機関で専門職として働くMさんは、

「今の仕事がイヤでたまらないの」

と話していました。私が、

「どうなったらいいと思っているの？」

とたずねたら、彼女は黙ってしまいました。

「もし、どんなことでもかなうとしたら、どうなったら最高かな？」

と聞くと、長い沈黙の末、

「編集の仕事をしたい」

これまで、時間もお金もエネルギーもかけて取得した医療の専門職で活躍しているMさんが、まさかまったく別の職種に就きたいと考えているなんて。私は想像もしていなかったのでとても驚きました。

聞けば、Mさんは昔から本が好きで、大学時代には出版社でインターンをしていたそう。そこで認められて正社員のオファーもあったのですが、当時は「好きなことを仕事にしてはいけない」という気持ちがあったため、オファーを断って今の専門職の勉強をすることに決めたのだそうです。

でも、そのときの楽しさが忘れられず、編集者になる夢が再燃したのだとか。

「今、いちばん楽しいことって何？」

「専門職で活躍している人たちのストーリーをホームページ上で紹介すること」

大学時代に好きだったこと、出版社で正社員のオファーまであったこと、そして、今好きな仕事は、言葉を紡いで人に伝えること。

どれも「強み」とワクワクが共通しています。

そこで、一緒に何ができるかを考えることにしました。そして、実際にその仕事に就いている編集者に会って話を聞くことになったのです。

Mさんはその日に向けて、編集の仕事について調べ始めました。すると、ちょうど好きな出版社で求人募集をしているのが目に止まりました。「これもご縁かも」とM

さんは応募することにしたのです。そうしたら、なんと採用に！　編集者に会って話を聞く前に、編集者の仕事が決まったのです。

もし、このとき、《コーチ》である私が、

「仕事がつらいのね。かわいそうに」

と同情しているだけだったら、この展開はなかったでしょう。

「どうなったら最高なの？」

と理想の未来を一緒に描き、そのためにできる小さな行動を促したことが、Mさんの変化につながったのです。これこそが、《コーチ》としてのあるべき役割です。

相手の行動の結果をフォローする

《コーチ》が最後にできることは、相手が「やってみる」と言った小さな行動の結果に興味を持つことです。

「いつやってみるの？」

「うまくいかなかったときは、代わりに何ができる？」

「次に会ったときに結果を教えてくれる?」

などの言葉を返しましょう。


これらは「アカウンタビリティ」と言って、自分の行動を気にかけてくれている人がいることを指します。

これがあると、目標達成の可能性は何倍にも高まります。

だから、サポートしたい友達や、家族、クライアントがいたら、次に会ったときに、

「そういえば、あのことはどうなった?」

と素直な興味で聞いてあげましょう。


相手がもしモチベーションが下がっていた場合なら、

「もうちょっとがんばってみようかな」

とやる気がわいてくるでしょう。

《救済者》は自分の人生を犠牲にしなくていい

最後に、ぜひお伝えしたいことがあります。

それは、**《救済者》が絶対に《犠牲者》を助けなければならないというわけではない、**ということです。

《救済者》になりやすい人は、とても真面目で親切心が高く、みんなの幸せを本当に願っている人が多いものです。だから、自分を犠牲にしてでも相手のためにがんばろうと思いがち。人を幸せにすることが、自分の生きる目的になってしまうのです。

「滅私奉公」という言葉がありますが、自分を差し置いて相手のためになることをやろうとしてしまうのです。

しかし、この思考自体がどろどろトライアングルです。

あなたが生きる真の目的は、あなた自身が幸せを感じること。
ですから、それを求めることを最優先しましょう。
人のことはその次です。
厳しく聞こえるかもしれませんが、《犠牲者》が《クリエイター》になるのを助ける必要は、必ずしもあなたにはありません。それはあなたが生きる目的ではないのです。

なので、しあわせトライアングルに移動せずに、**どろどろトライアングルの舞台から降りるというのもひとつの方法です。**

具体的には、親子関係だったら親との縁、子どもとの縁を切ること。夫婦だったら離婚することもアリです。嫁姑だって縁を切ることができますし、友達と会うのをやめてもいいのです。

とはいえ、そこまでしなくても、どろどろトライアングルの舞台から降りることはできます。

たとえば、私の家では夫が子どもを怒り、私が子どもを守るという役割分担ができていました。

この場合、夫が《迫害者》、子どもは《被害者》、私は《救済者》です。

でも、私は《救済者》をやめることにしました。

夫が子どもを怒っていても、私は子どもを守らないと決めて、何も関与しないことにしたのです。

ある日、夫が娘をキツく叱っていました。いつもなら私が助けに入るところですが、この日は何もせずじっと耐えていました。

しばらくすると娘は自分の部屋に戻り、ドアをばたんと強く閉めました。そのあと夫が私に、こう言ったのです。

「Don't you do anything?」

（何もしないの？）。


夫は私が《救済者》として介入することを期待していたのです。

自分に注目してほしかったのかもしれません。

いわゆる「共依存」と呼ばれる関係ですね。

でも、それは私の人生の役割ではありません。


「あなたの人生はあなたのもの。だから、自分で自分を幸せにしてね」という意味を込めて、何もしないことにしたのです。

そうしたら、夫が子どもに怒る回数は目に見えて減りました。


つまり、誰かを救うことがあなたの使命ではないということです。

もちろん、自分が幸せであると感じたうえで余力があるなら、《犠牲者》が《クリエイター》に変わる支援をするという選択もできます。

《コーチ》のためのクリエイタースイッチを押すワーク

《犠牲者》から《クリエイター》への転換を起こしやすい
質問ワークです。次のセットをやってみましょう。

STEP 1 現在、相手に「ある」ものを見る

あなた 「人生の状態を 10 点満点で表してみましょう。最低の状態を 0、最高の状態を 10 とすると、今の状態は何点ですか?」
相　手 「3 点です」
あなた 「0 点ではなく、なぜ 3 点なのですか?　0 ～ 3 点の間にあるものは?」
相　手 「(0 点から 3 点の間にあるものを考える)」

* こう問いかけることで「ある」に目を向けるようになります。ここでのポイントは「なぜ 10 点ではないのですか?」ではなく「なぜ0点ではないのですか?」と聞くことです。

STEP2 相手の「理想」を一緒に描く

あなた 「すぐにかなうわけではないかもしれませんが、あなたにとって 10 点満点ってどんな感じでしょうか?」

* こう問いかけて、相手と一緒に理想の状態を具体的に描きます。理想を具体的に思い描けない人も、10 点満点という点数を挙げることでイメージがつかめます。すぐに回答が出てこなくてもいいのです。沈黙を大切にしましょう。未来に目を向けるという行為自体に意味のあることなのです。

STEP3 そのために今できる行動を考える

あなた 「今より 0.5 点だけ点数をアップさせるとしたら、何ができますか?」または「10 点満点の状態の中で、今すぐにできることはありますか?」
相　手 「(今できることを話す)」
あなた 「やって、次会うときに結果をぜひ教えてくださいね」

* このように今あるものを見て、理想を描き今できることを考えることで、クリエイターマインドセットがつくられていきます。

人に貢献することで、自分と相手どちらの幸せも高められたらすてきですよね。

でも、それはマストではありません。

《救済者》から《コーチ》になって《犠牲者》を助けるという使命感や責任感に押しつぶされる必要はまったくないのです。

自分の人生を幸せで満たすためなら、どろどろトライアングルの舞台から降りるだけに留めるという選択肢もあることを覚えておいてください。

大丈夫、幸せは伝染することがわかっていますから、その幸せは結局伝わっていきます。

4ストーリー
~After編~

4つのケースで見る改善された人間関係

冒頭の4人（9頁）は本書が示す方法を試していくにつれ、幸せな人間関係を築けるようになりました。読むたびに勇気づけられる変化の様子。次はあなたの番です！

CASE 1

モラハラ夫と不登校の娘で家庭が壊れる
↓家族の助けを得て念願の資格試験にチャレンジ!

Aさんのその後（50代、女性、夫と高校1年生の娘の3人暮らし）

夫からのモラハラに悩んでいた時、亜里先生からこう言われたことがあった。

「他人の人生は他人のもの。あなたのせいではありません」

「あなたはあなたの人生を幸せにすることを考えて」

言われてみれば、家族のことばかり考えてきて、自分のことは後まわし。私はどうなりたいかなんて考えたこともなかったし、自分を大切にしていなかったかも。

その後「私は何をやりたいのか？」と自問したら、出てきた思いは
「もっと仕事をがんばりたい」

そういえば、結婚前に簿記の資格を取ろうと専門学校に通っていたのに、途中であきらめてしまったのだった。

「もう一度、チャレンジしてみようかな」

その日の晩、夫と娘に言った。

「私ね、簿記の勉強をまた始めようと思うの」

「週2回、夜、学校に通いたくて。少し助けてくれるかしら」

娘がすぐにこう言ってくれた。

「今までお母さん、家のことでがんばり続けてきたもんね。今度はそっちの勉強でがんばって。学校の日は私、お父さんと一緒になんとかするから大丈夫だよ」

学校の日は夫が夕食をつくり、娘は皿洗いとお風呂掃除をしてくれることになった。

はじめのうちは、

「本当に大丈夫かな。ちゃんとやれるかな。夫が怒らないかな」

とドキドキしていたけど、ふたりともよくやってくれている。

おかげで勉強時間もつくれるようになった。

感謝の気持ちがわいてきて、ある日、食事のときふたりにこう伝えた。

「いつもありがとう。おかげで私はちゃんと勉強できているわ。本当に感謝してる」

「そういえば、ふたりに感謝の気持ちを伝えたのなんて、いつ以来だろう」

するると、娘が言った。

「今まで当たり前だと思っていたけど、お母さんのごはん、やっぱりおいしいわ」

「この前、お父さんがつくってくれたけど、肉は焦げてるし味が薄くて、全然おいしくなかったの」

すると夫が、

「おい、内緒にしてくれって言ったじゃないか。料理って難しいな」

「お父さんも少し料理の勉強しようと思ってるよ。リクエストあれば受けつけるぞ」

と照れくさそうに言った。

久々の家族団らん。なんだか楽しい。

夫の笑った顔を見るのも久しぶりだ。

「もっと早くにみんなを頼ればよかったんだ」

「ひとりでがんばりすぎないで、家族に頼りながら、これからも続けていこう」

毎日が楽しくなったのを実感している。

CASE 2

子どもについつい怒りすぎてしまう

↓子どもの忘れ物が減り、朝も自分で起きている！

Bさんのその後（30代、女性、夫と小5の娘の3人暮らし）

私はついつい子どもに口出ししてしまう。だけどこれではいけないと、亜里先生に習ったように、まずは娘の「強み」を考え、そして信じることにした。

「娘は自分のペースで着実に課題をこなしていく。だから、自分で何でもできる」

娘にも伝えた。

「あなたは自分のことは自分でできる子ね。だから、あなたを信じることにするわ」

翌日の時間割のチェックもすべて娘におまかせ。

口を出したくなる気持ちはグッと我慢。何か言いたくなったら、トイレに避難したり、お風呂掃除をしたりしてごまかすことにした。

翌日、娘が学校から帰ってきた。今日は水着を忘れて、体育の時間、プールに入れなかったようだ。でも、これも経験。

気づいたら、夜、娘が時間割を見ながら、必要なものをそろえている。

さらにそのチェック表を玄関の扉に貼っている。

毎朝、家を出る前に持ち物チェックをするようだ。

「あら、なんかちょっと変わったかも……」

私は決めた。すべてを一生懸命やるのはやめよう！

そして寝る前に、娘へ宣言した。

「もう、あなたは自分で起きられるから大丈夫よね」

「だから、明日からはお母さん、起こさないからね」


すると、あれだけ起こしても起きなかった娘が、いつもの時間に自分で起きてくるようになったではないか。相変わらずギリギリの時間だけれど、進歩だ。

遅刻するもしないも自分の責任。それでいいじゃないか。

しばらくすると、先生からも言われるようになった。

「娘さん、最近は忘れ物も減って、がんばっていますよ」

「今まで私が『忘れ物をしたらかわいそう』『母親の責任だと思われてしまう』と、行動の責任や結果を引き受けすぎていたのね」

と気づいた。また、これまで、

「いい学校に行かせて、いい会社に就職することこそが娘の幸せ」

と思ってきたけど、それは勝手な思い込みだと気づき、改めて心に決めた。

「娘の人生は娘のもの。私は親としてできる限りのことをサポートはする。けれど、レールを敷くのは本人。だから、娘のやりたいようにさせよう。私は黙って見守ることにしよう」


お小言を言わなくてよくなったから、気持ちが清々しい。

「これからは、娘の世話ばかりじゃなく、もっと自分の時間を大切にしよう」

「何から始めようかな。ああ、久しぶりに家族旅行にも行きたいな。どこがいいかしらね」


ワクワクする気持ちが止まらなかった。

CASE 3

がんばっているのに学級崩壊が起こりそう
⬇学校の手本となる活気ある楽しいクラスになった！

Cさんのその後（40代、女性、小学校教員）

クラスの運営がうまくいかず、問題ばかりが重なって体調も崩して……。

途方に暮れていたとき、亜里先生の講座を受講し、さっそく寝る前に「今日あったいいことを3つ挙げる」ことを日課にした。

・今日も子どもの笑顔が見られた
・授業を真剣に聞いてくれて嬉しかった
・給食がおいしかった

「落ち着きのない子はいるけど、私の授業を真面目に聞いてくれる子もいる。その姿を思い返すだけでとてもいい気持ちになる。そうだ、今日もこんないいことがあったのだ。最近はよく眠れない日も多かったけど、久しぶりに熟睡できて朝の目覚めもすっきり。こんな清々しい朝を迎えたのは、いつ以来だろう?」

あらためて考えて、やっぱり自分は子どもたちとかかわっていることが楽しいし、活力になるのだなということに気づいた。

「学校辞めようかな」という気持ちは自然と遠のいていった。


「あ、そうだ。子どもたちにも、今日よかったことを聞いてみよう」

ホームルームで、今日あったよかったことを一人ひとり話してもらうことにした。

すると、子どもたちの目が輝きはじめ、授業に積極的になる生徒が増加。

最初は話したがらなかった子たちも、時間がたつにつれ、

「先生、聞いて!」

と話したくてたまらない様子。不登校だった生徒まで学校に来るように。

バラバラだったクラスが、見違えるようにまとまってきた。

卒業式の1カ月前から当日歌う曲を全員で決め、一生懸命練習する日々。

そして当日、一丸となって、今まででいちばんの歌声を聴かせてくれた。

最後はみんなで笑って泣いて……。最高にいい卒業式になった。

次の年は4年生を担当。ACR（203頁）で一人ひとりの興味あることを聞き、子どもたちの「強み」を見つけては、本人にフィードバック。すると、子どもたちは驚くほど自信をつけ、やりたいことを積極的に発言し、実行に移すように。

ほかのクラスの先生からは、

「今年の4年A組はイキイキしてますね。何かあったのですか？」

と驚かれ、ついには校長先生から直々に、

「クラス運営がとてもいいようなので、全教員に秘訣を教えてほしい」

と研修を任されたのだ。

私生活でも大きな変化が起きた。

自分が《コーチ》でいるために、まずは自分を積極的に満たせるようになってきた。ちょっと疲れているなと思ったら、仕事はすぐに中断して、お茶を飲んで休憩するなど気分転換をはかれるようになったり。

明日に回せるものは翌日にして、早く帰って好きなアロマを入れたお風呂に浸かりながら音楽を聴いたり、早寝したり。

気づけば病院に行く回数が徐々に減り、薬の量もグッと減っていった。

自分をいたわれるようになったら、いつのまにか他人にも優しく接することができるようになった。

「先生、なんか前より優しくなったね」

と鋭い生徒からは言われた。私って怖かったのね（笑）

考え方をちょっと変えただけで、子どもたちが、そしてクラス全体がガラリと変わり、さらには自分の体調までよくなるなんて。数カ月前には想像すらしなかった。

「やっぱり、学校の先生になってよかった。ずっと続けていこう」

としみじみ思えるようになれたのがなにより嬉しい。

CASE 4

部下がやる気になってくれない
⬇全社一の活気あるチームづくりに成功した！

Dさんのその後（40代、男性、会社部長）

部下がやる気にならないという悩みを解消するため、亜里先生の講座を聞いたあと、まず部下と話すことにした。

「どんな働き方をしたい？」

「なぜそう思うの？」

はじめはなかなか口を開かなかった部下も、少しずつ意見を言ってくれるようになった。どれも、自分では思いつかないような発想ばかりだ。

「そうか、俺はみんなを自分の型にはめようとしていたんだな」

ヒヤリングが一通り終わると、次は部下の「強み」を一人ひとりにフィードバックしていった。

「君の分析力はとても的確でいいね。これからもその調子で頼むよ」

「あなたはとても仕事がていねいだね」

そうしたら、

「え、私、きちんと分析できていますか？　よかった〜。今まで、ちょっと不安だったんです。でも、そう言っていただけて自信になりました」

「ていねいだなんて、はじめて言われました。いつもは仕事が遅くて気になっていたのです。そう言っていただけて、とても嬉しいです」

みんなの顔がぱあっと明るくなり、

「もっとこういうことがやってみたいです」

と今後の展望についても意見を聞けるようになった。


後日、チームミーティングを行うことにした。それぞれに、ポジティブ心理学者の開発した「強みの調査」を受けてもらった。個人の「強み」はすでに伝えてあるので、それらを活かしながらチーム全体のゴールを設定。そのためにできることについて各自アイデアを出してもらった。すると、はじめはやる気がなさそうに見えた部下たち

が、次々と意見を言い出してくれたのだ。

「俺は今まで、自分の意見を押しつけたり、心配を先回りしすぎたりしていたのかもしれない。もっと早く、こんな形で仕事を進めていたら、H君のように辞める人はいなかったかもしれないな」

「みんな目標を達成できる人ばかりだと信じて、口を出しすぎるのはやめよう」

それからは週に1回、チーム内で「今週よかったこと」を報告し合うことにした。それを続けていくうちに、部内のコミュニケーションがよくなり、部下のやる気が見えてきた。チームに活気が出てきた。それに比例するように、売上も伸びてきた。

「このチームにいられてよかったです。なんだか仕事が楽しくなってきました」

そんな声も聞こえてくるようになった。

「よし、この調子で最強のチームをつくるぞ！」

おわりに

数ある本の中でこの本を手に取ってくださってありがとうございます。

先日「どろどろトライアングル」を「しあわせトライアングル」にひっくり返すコーチングを学ぶ「ポジティブ心理学コーチング講座」第2期の修了パーティを、東京で開催しました。

その講座自体には、日本、アメリカ、カナダ、フランス、オランダ、イタリア、オーストラリア、ベトナム、コートジボアールの世界9カ国から150名が参加。

そして修了式。春の東京に、日本、アメリカ、カナダ、オーストラリア、ベトナムの5カ国から120名以上が集ったのです。

その中になんと、私がこのメソッドをつくり上げていたときにカウンセリングしていた学生Eさんがいたのです。会場で彼女と話すことができました。

Eさんは大学で就職活動に大苦戦しているときに、カウンセリンググルームを勧められて来たのです。当時とても落ち込んでいた彼女。「すごく落ち込んでいたのに『次に会うまでに少しでも良かったことを探してきて』と言われて。でも『えー』って思いながらも、少しずついいことに目が向いたんです」と話してくれました。

「タイムマシンに乗って理想の未来を見に行こう！」と言うワークをしたときのこともEさんは鮮明に覚えていました。そして10年以上たった今。自分の現在は、そのときに見た未来そのものだと言う彼女。とても嬉しかったです。

私も当時のことはよく覚えていました。自信を喪失しているEさんに、カウンセリンググルームで、これまで好きだったことを思い出してもらったり、VIAの強み診断で、彼女の強みを丁寧に理解したり。次第にEさんは、やりたいことがクリアになり、自信もつき、次の就職面接を受けたら、一発で希望の会社に就職が決まったのでした。

修了パーティでは、他の受講生のスピーチや最終発表を聞いていても、「人生逆転ホームラン！」という方がとても多くいました。
・ずっと自己肯定感が低かった
・ずっと親子関係が悪かった
・ずっと人と関わるのが苦手だった
という方たちが、

「自己肯定感が低い、というのが違和感」

「初めて父に褒められてお年玉をもらった」

「友達がたくさんできて人が好きになった」

というように。

人生のクリエイターになるのは素晴らしいことですね。

あなたも
「人生はあなた次第でどうにでもつくり出せる」
ということを忘れないでください。

私はかつて、夢を持てない場所、途方にくれるような場所にいました。
中卒でお金がなかった20歳の頃、ニューヨークのレストランでフルタイムのバイトをしながら大学に通っていた日々。他の留学生ばかり助けて自分は誰にも甘えられず孤軍奮闘していた時期。完璧主義で可愛い子ども達を叱り続け、ワンオペがつらかった時期。やっと積み上げたキャリアを、ワンオペのつらさから手放し、無職になった日。ニューヨークの物価が高すぎて自分のベッドさえ買えなかった日々。大好きな街の家が高すぎて田舎に引っ越した時期。「はたらけどはたらけど猶《なほ》わが生活《くらし》楽にならざり、ぢっと手を見る」という言葉そのものだった時期。家族の人間関係が悪くて家を飛び出した日。仕事がとてもうまく行っていた矢先にガンが発覚した日……。

どうしていいのかわからなかった。でも、この本に詰め込んだ方法でクリエイターマインドを持ち、一つひとつ行動していきました。
そうしたら、まさに「逆転」してきたのです。

今では、夢だった「心理学者」になり、時間もお金にも豊かになり、大好きな街の理想の家に住み、家族との関係は改善され、人に頼れるようになり、世界を飛び回ればたくさんの人が温かく迎えてくれます。ガンはすっかりよくなって、新しい家には理想のベッドが最近届きました！

ちょうどこの「おわりに」は、東京からパリへ向かう飛行機から書いています。パリでは、大好きな娘と待ち合わせ。

人生はいろんなことが起きるけれど、あなたがクリエイターとして生きることは誰にも邪魔できません。

さて、あなたは何を望みますか？

松村亜里

松村亜里（まつむら あり）

医学博士・臨床心理士・認定ポジティブ心理学
プラクティショナー
ニューヨークライフバランス研究所 代表

母子家庭で育ち中卒で大検を取り、朝晩働いて貯金をして単身渡米。ニューヨーク市立大学を首席で卒業後、コロンビア大学大学院修士課程（臨床心理学）・秋田大学大学院医学系研究科博士課程（公衆衛生学）修了。

ニューヨーク市立大学、国際教養大学でカウンセリングと心理学講義を10年以上担当。2013年からはNYで始めた心理学講座が州各地に拡大。「ニューヨークライフバランス研究所（NYLB）」を設立。オンラインや世界各国のセミナーで、様々な分野へ応用する方法も指南。

オンラインサロンにも力を入れ、ポジティブ心理学を人生に活かす「Ari's Academia」およびNYLB認定者向けの「チェンジエージェントクラブ（CAC）」を主宰。ポジティブ心理学コーチ養成講座・コンサルタント養成講座は「人生が変わる」と評判。自分の人生の舵を取り、幸せな人生を創造できる人を増やすために、最新のエビデンスを毎日の生活にとり入れやすい形で提供している。

著書『誰もが幸せに成長できる心理的安全性の高め方』『世界に通用する子どもの育て方』『お母さんの自己肯定感を高める本』『子どもの自己効力感を育む本』のほか、日本初上陸となるVIA24の性格の強みの翻訳本『強みの育て方〜「24の性格」診断であなたの人生を取り戻す』の監修にも携わる（すべてWAVE出版）。

＼メルマガ配信中／

うまくいかない人間関係逆転の法則
しんどい・つらいがひっくりかえる！

2024年6月30日　第1刷発行
2024年7月2日　第2刷発行

著　者　松村亜里
発行者　徳留慶太郎
発行所　株式会社すばる舎
〒170-0013
東京都豊島区東池袋3-9-7 東池袋織本ビル
TEL 03-3981-8651（代表）　03-3981-0767（営業部）
FAX 03-3981-8638
https://www.subarusya.jp/
印　刷　ベクトル印刷株式会社

落丁・乱丁本はお取り替えいたします

ISBN978-4-7991-1244-1